速水もこみち が作る50のレシピ

きみと食べたら、
きっと美味しい。

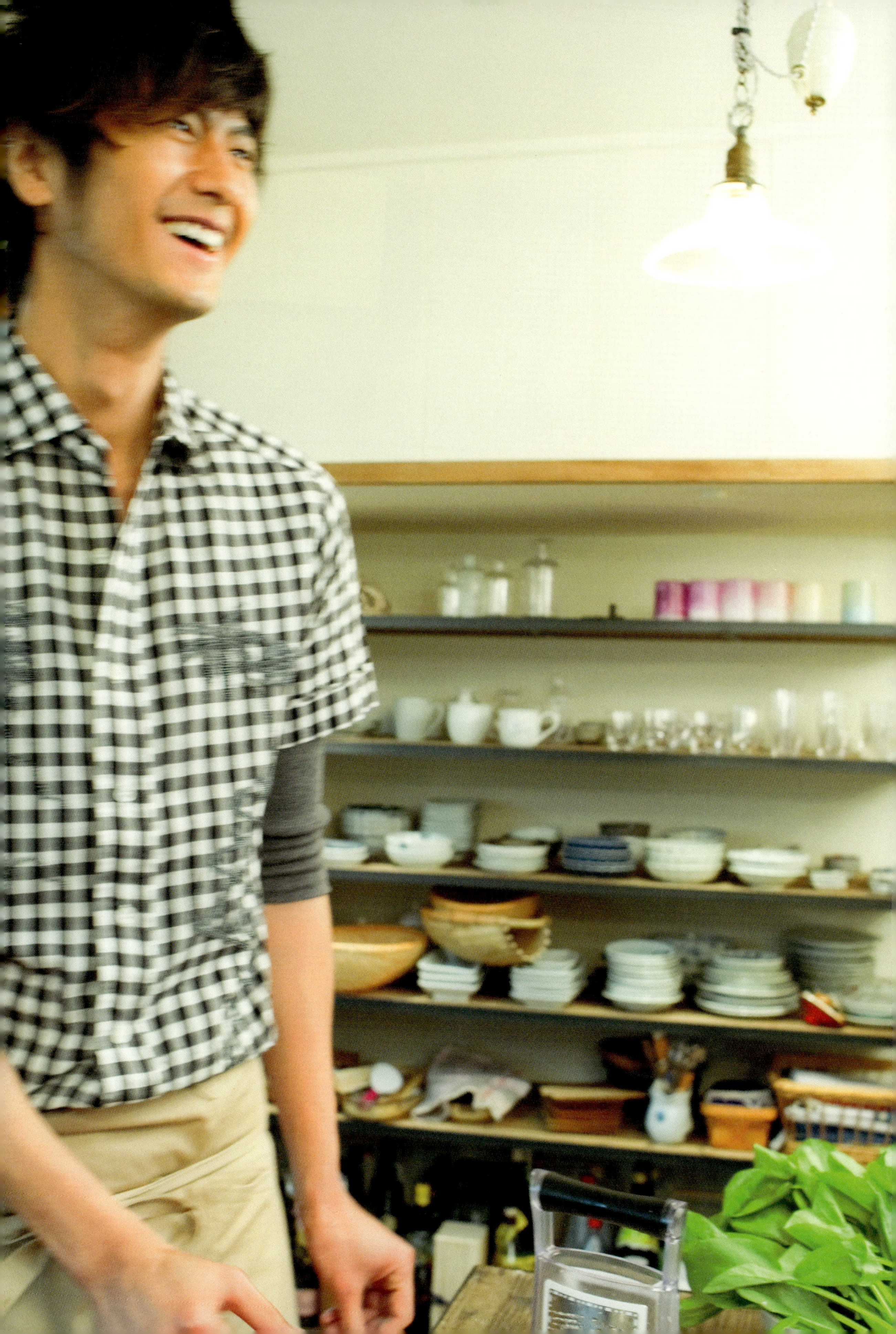

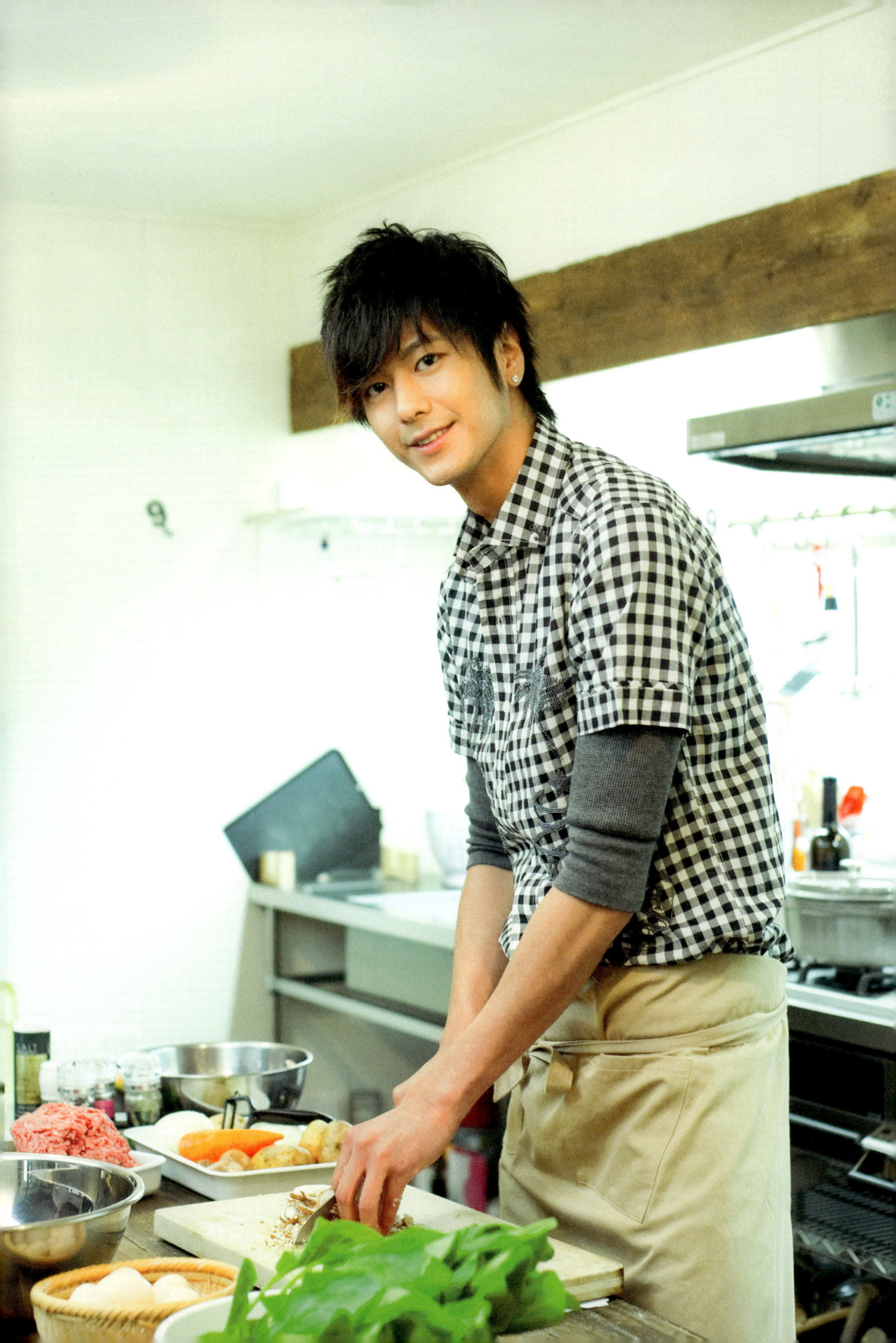

はじめに

　まず、この本を手に取ってくれたみんなに、感謝を伝えたいです。本当にどうもありがとう。

　これは、小さな時から僕が作ってきた料理の中から自信作を選りすぐったレシピ集です。今まで家族や友達のために作ることはあっても、みんなに料理の腕を披露する機会がなかったので、今回本という形で紹介できることがうれしくて、レシピ選びも料理作りも、相当張り切ってます！

　僕にとって料理の醍醐味は、誰かに食べてもらって、「おいしい」って言ってもらうこと。それが恋人だったら…、この上ない幸せです。ここに並ぶ料理は、僕が彼女に対して作ってあげたい、と思うものを中心に選びました。でも、どれも男ウケのするメニューでもあるので、女の子がボーイフレンドに作ってあげるのにもおすすめ。

　大事なのは技術ではなく、相手を思って作るその気持ち。「彼が食べたらなんて言うかな…」なんて妄想全開で、鍋を振って下さい。きっと恋もうまくいくと思う。

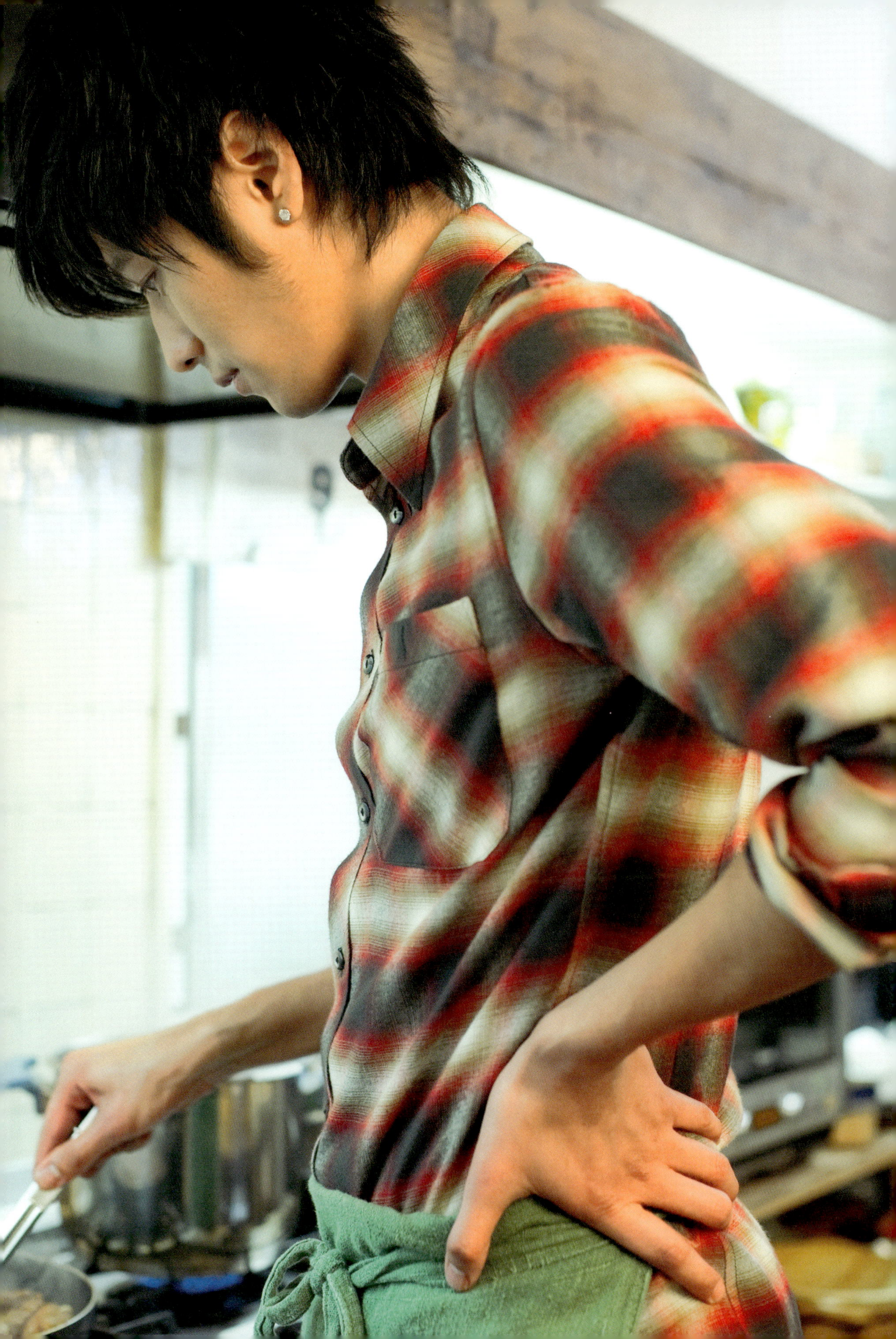

Contents

- 4 はじめに

1 男が好きな料理って、こういう感じ。
何度も作って極めた、僕の自慢メニュー

- 12 しょうが焼き
- 13 速水家のぶり大根
- 14 とんかつ茶漬け　チーズと大葉のせ、いろいろソース添え
- 15 鮭と帆立のバター焼き
- 16 ミートソーススパゲティ　＋余ったらチップスのディップに
- 17 マカロニとコーンのカレー風味サラダ
- 21 ハンバーグステーキ　もこみち流　チーズとほうれん草のソースで
- 22 すき焼き　＋牛肉の卵とじごはん
- 23 大根とにんじんの大葉サラダ
- 24 砂肝と白菜のあっさり鍋
- 25 肉豆腐

2 おなかがすいたら、すぐ作ろう。
すぐできてお腹にたまる、丼やパスタ

- 30 キャベツとアンチョビのパスタ
- 31 チーズのクリームパスタ
- 32 トマトとなすのパスタ
- 33 たらこバターのパスタ
- 34 もやしカレースパイス炒め　温玉のせ
- 35 カレー丼　黄身のせ
- 38 いんげんとひき肉の炒め物
- 39 焼うどんのサラダ
- 40 牛肉しそのせごはん
- 41 海鮮ときのこの炒め物
- 42 牛豚丼
- 42 焼きとり丼　スープだし茶漬け
- 43 焼ききのこの茶漬け

- 44 **column** 僕のお気に入りの道具

moco's talk
1. 濃い味でがっつり。……19
2. 僕と早メシ。……36
3. 自慢の腕を披露。……53
4. おつまみはササッと。……72
5. 理想の朝食。……83

long interview
僕が料理をする理由。……86

INDEX

3 友だち呼んで、みんなで食べよう。
ワイワイ大勢で食べたいレシピ

- 51 スペアリブ2種　甘辛だれ&ブラジル風
- 51 アボカドとじゃこの贅沢サラダ
- 55 チヂミ
- 55 水菜とトマトのじゃこサラダ
- 56 桜えびとそら豆&ごぼうとにんじんのかき揚げ
- 57 豆乳入り茶碗蒸し
- 59 ミネストローネ
- 59 チンゲン菜のクリーム煮
- 60 せりごはん
- 61 チーズときのこのリゾット
- 63 いちごのパンケーキ

4 さっと作って、ワインとビール。
簡単にできて美味しいおつまみ

- 67 セロリともやしのめんたいソース和え
- 67 はんぺんしそチーズ
- 68 きゅうりのたたき　しらすわかめのせ
- 68 アボカドとねぎとろのユッケ
- 69 たことイカのバターしょうゆ炒め　バゲット添え
- 69 オクラ納豆&山芋の揚げ物
- 70 カプレーゼ
- 71 アスパラチーズグリル
- 73 ピクルス
- 75 野菜スティック　+たらこマヨネーズソース
- 75 7種のディップ&ソース

5 理想の朝って、こんな感じじゃない？
きみと食べたい朝ごはんメニュー

- 81 和定食　野菜の小さなひと品いろいろ
- 84 洋定食　クラムチャウダーなど
- 85 フルーツヨーグルト　ブルーベリーソース添え
- 85 バナナシェイク

この本の使い方
- 本の中で表示した大さじ1は15cc、小さじ1は5cc、1カップは200ccです。
- 材料の（2人分）（4人分）とあるのは、できあがりのおおよその分量です。

1
男が好きな料理って、こういう感じ。
何度も作って極めた、僕の自慢メニュー

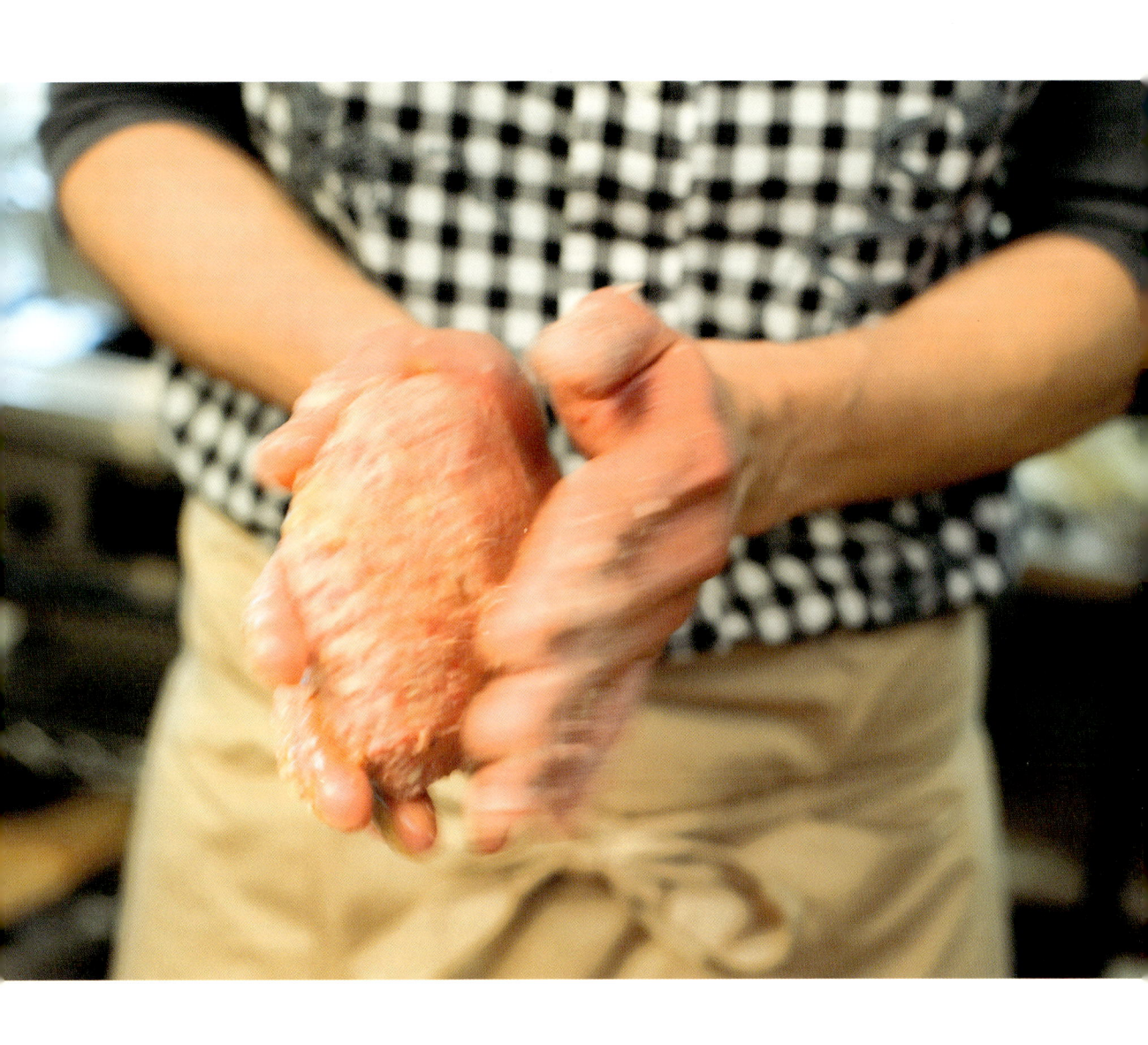

料理は大胆に、ときどき繊細に、が、もこみち流。

野菜は好き。特に温野菜をよく摂ります。

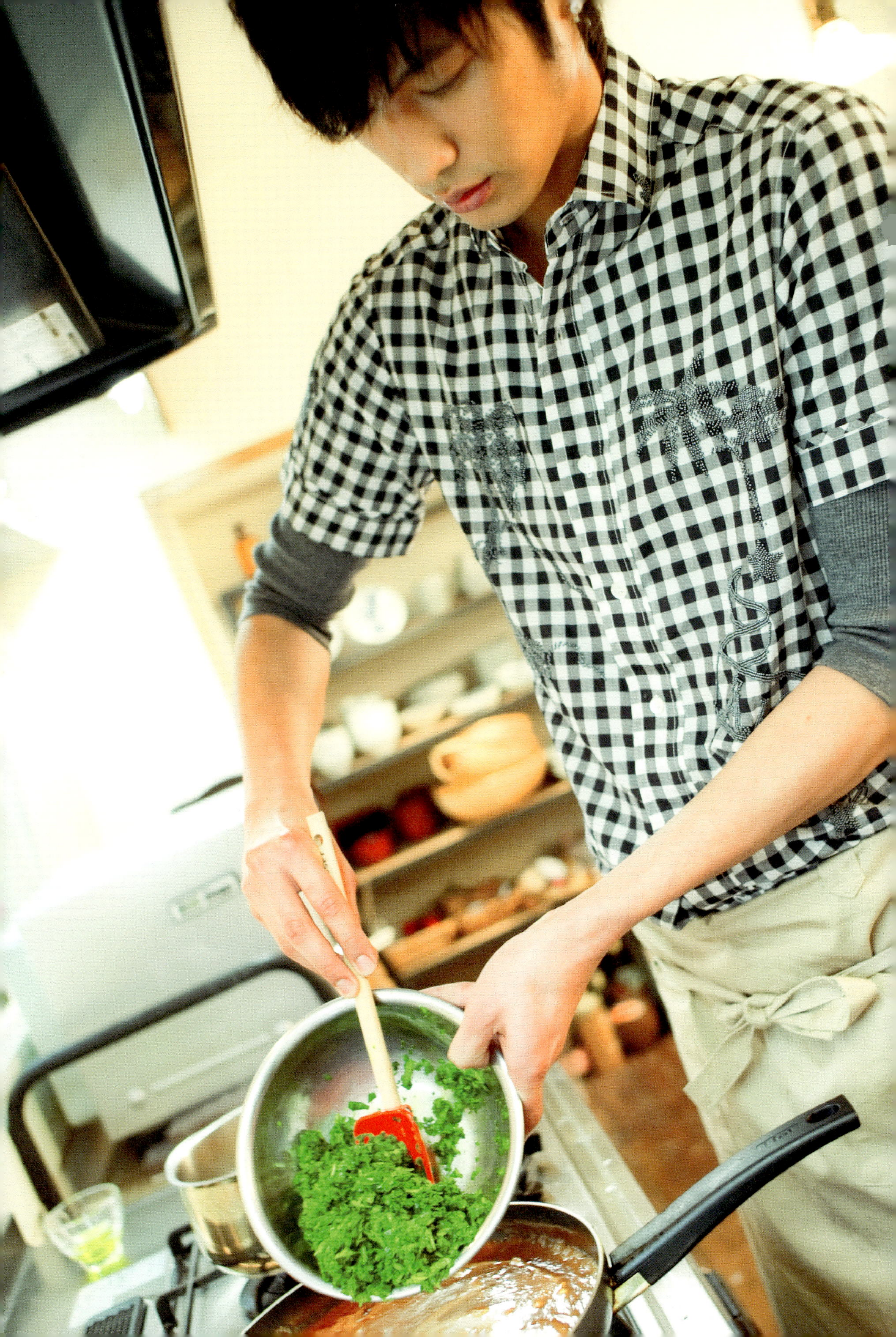

しょうが焼き

白いごはんのおかずといえば、やっぱりこれでしょう。
しょうが焼きが嫌いな男はいないよね。
にんにくも入れてガッツリいこう。

材料(2人分)

- 豚肉しょうが焼き用……………250g
- 玉ねぎ……………………………½個
- にんにく、しょうが……各2かけ分
- A
  - 酒、しょうゆ、みりん……………各大さじ2
  - 塩、こしょう……各少々
- ごま油……………………大さじ1
- 白ごま………………………適量
- 付け合わせ：キャベツときゅうりの千切り……………適量

作り方

1. 玉ねぎ、にんにく、しょうがはフードプロセッサーにかけ(なければすりおろす)、Aと合わせて豚肉にもみ込み、冷蔵庫で30分ほど漬けておく。
2. フライパンにごま油を熱し、1を炒める。皿に盛り付けて白ごまをふり、付け合わせを添える。

玉ねぎの、コクのある自然な甘みがごはんに合う。玉ねぎ1/2個をくし形切りにして、肉と一緒にフライパンで焼いてもおいしい。

速水家のぶり大根

オフクロがいつも作ってくれた、速水家の味。
ゆずの香りが懐かしい、僕が育ったレシピです。

材料(2人分)

ぶり	2切れ
大根	200g
長ねぎ	1本
みつば、ゆず皮	各適量
A しょうが薄切り	2〜3枚
長ねぎの青い部分	少々
B 酒	大さじ3
薄口しょうゆ、みりん	各大さじ2
砂糖	小さじ2

作り方

1 ぶりは熱湯をかけてサッと湯通しする。長ねぎは4cm長さに切り、そのうち1個は白髪ねぎにする。大根は皮をむいて2cm厚さの半月切りにし、ところどころ楊枝で穴をあける。

2 鍋に水1½カップと大根を入れ10分ほどゆでる。A、Bとぶりを入れふたをずらしてのせ、5分煮る。仕上げに白髪ねぎ、みつば、ゆず皮をのせる。

魚に最初に熱湯をかけることで、臭みが取れて美味しくなります。お湯の量は、魚の表面がうっすら白くなるくらいを目安に。

とんかつ茶漬け
チーズと大葉のせ、いろいろソース添え

僕、けっこう欲張りで、いろんな味で食べたいんです。
これはよく行くお店で出されるとんかつを
僕なりに研究してアレンジしたもの。

材料（2人分）
- 豚とんかつ用肉………… 2枚
- 大葉……………………… 2枚
- スライスチーズ………… 1枚
- 塩、こしょう………… 各少々
- A［小麦粉、溶き卵、パン粉］……………… 各適量
- 揚げ油…………………… 適量
- 雑穀ごはん……………… 適量
- 付け合わせ：キャベツときゅうりの千切り、大根おろし、生わさび、刻みのり、抹茶塩、ゆかり塩、からし、マヨネーズ、ごまたっぷりソースなど…… 各適量
- 手羽のスープ……焼きとり丼（P.42）参照

最初は揚げたてを各種の塩やソースでいただき、途中からスープ茶漬けで。手羽スープは、時間のないときは市販のガラスープでも。

作り方
1. とんかつ用肉は塩、こしょうで下味をつけ、一枚には大葉、もう一枚にはチーズをのせて**A**を順につけて170度の揚げ油で両面5分ずつ揚げる。粗熱が取れたら食べやすい大きさに切る。
2. 皿に**1**と付け合わせを盛りつける。ごはんとともに頂き、途中手羽のスープをかけ、刻みのりとわさびをトッピングする。

鮭と帆立のバター焼き

魚料理ってハードルが高そうだけど、さっと焼いてバターと醤油で調味、失敗知らずのこんなレシピでどう？

材料（2人分）
- 生鮭……………………… 2切れ
- 帆立……………………… 4個
- バター…………………… 15g
- しょうゆ…………… 大さじ½
- 粗びきこしょう………… 少々

作り方
1. フライパンにバターを熱し、鮭と帆立を両面中火で焼く。
2. しょうゆ、粗びきこしょうで調味する。あればイタリアンパセリを添える。

ごはんにはもちろん、パン＋白ワインにも合うメニュー。付け合わせにえのきなどのキノコを添えても。慣れたら他の魚介でも！

ミートソーススパゲティ
＋ 余ったらチップスのディップに

ミートソースはたくさん作って、鍋に残ったぶんをチップスで食べるのが好き。
ソファで、DVD観ながらとか(→P.64)。僕のリラックスできる時間です。

材料(2人分)

パスタ (9分ゆでのもの)	200g
合びき肉	400g
しめじ	1パック
にんにく	1かけ
鷹の爪	1本
トマト水煮缶、ミートソース缶	各½缶
オリーブオイル	小さじ1
ケチャップ	大さじ3
岩塩、こしょう、パルミジャーノ、パセリみじん切り	各適量
パセリ	適量
余ったら：チップスに添えて、お好みでタバスコなど	

市販のミートソース缶を使って作る、お手軽レシピ。より本格派の味にするには、塊のパルミジャーノをおろして使うこと。

作り方

1 鍋に湯を沸かし、岩塩を加えてパスタをゆでておく。

2 フライパンにオリーブオイルとにんにく（つぶすorスライスする）、鷹の爪を入れて火にかけ、香りが立ったら取り出し、刻んでおく。

3 ひき肉、ほぐしたしめじを加えて炒め、トマト水煮缶、ミートソース缶、刻んだにんにくと鷹の爪、ケチャップを入れて煮る。途中煮詰まったらゆで汁で調節する。塩、こしょうで味を調える。

4 火を止めてパルミジャーノを少々加えて混ぜ、パスタにのせる。お好みでパセリ、パルミジャーノをふる。

マカロニとコーンのカレー風味サラダ

いつだってカレー味の引力には男はあらがえない！
野菜はコロコロ同じ大きさに切って食感アップ。

材料(2人分)

マカロニ……………………30g
じゃがいも…………中1個
にんじん……………………¼本
きゅうり……………………½本
コーン缶……………大さじ3
ブロックハム……………50g
A ┌ マヨネーズ
　│　……………大さじ5〜6
　│ カレー粉、塩
　└　……………各小さじ½

作り方

1 じゃがいも、にんじんは1cm角に切り、沸騰した湯で1分ほどゆでる。きゅうり、ハムは1cm角に切る。マカロニは表示に従ってゆでておく。
2 ボウルにAを合わせ、1、コーンを加えよく混ぜる。

ハムはブロック（塊）がおすすめだけど、なければもちろんスライスでも。マカロニは小さめタイプをチョイスして。

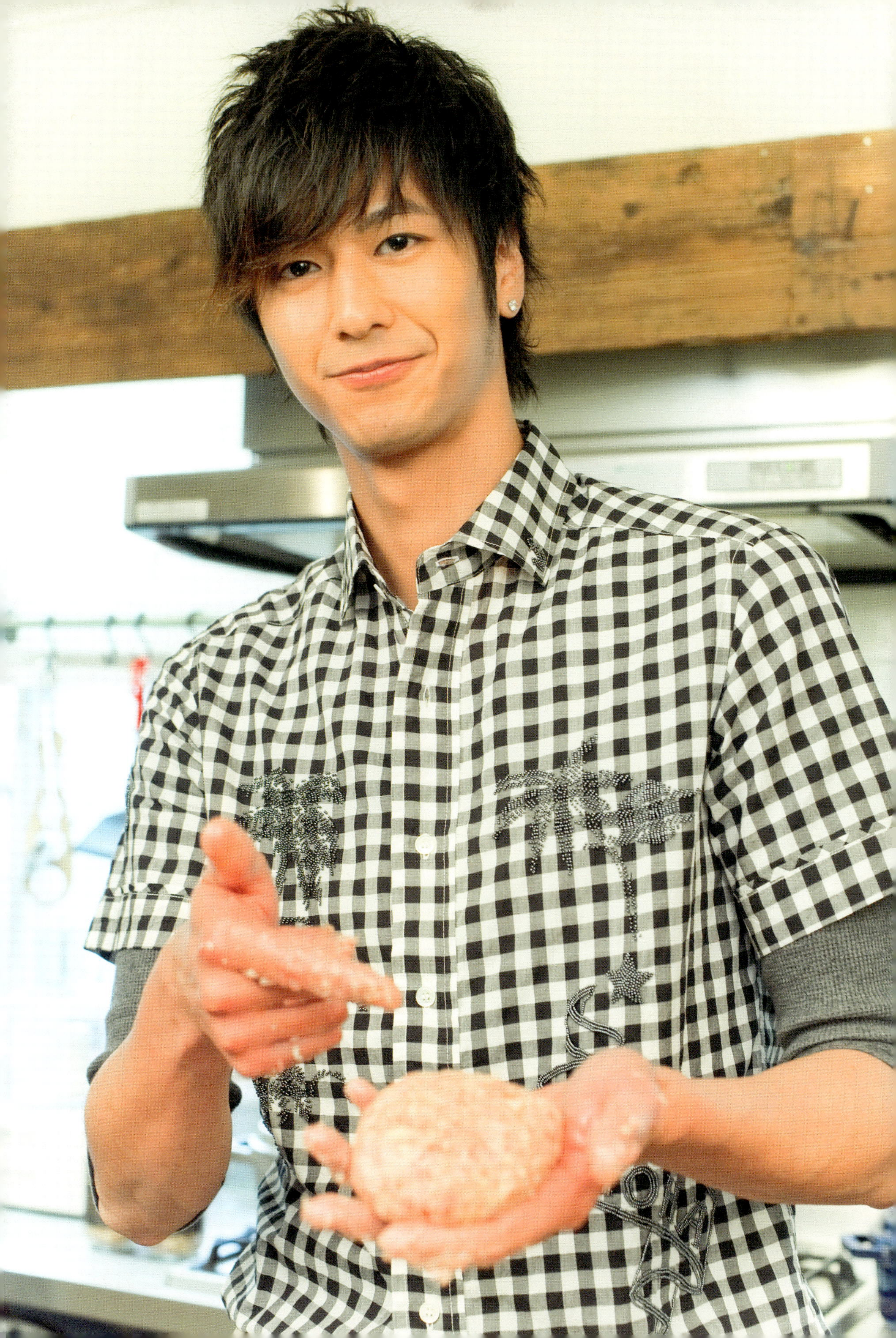

濃い味でがっつり。

　肉、揚げ物、こってり、がっつり…。女性が考える、"男が好きそうな料理"って、そんな感じだと思うんだけど、それ、全部正解。男は濃い味で、ボリュームがあって、腹に溜まるものが出てきたら大喜びします。ハンバーグとかとんかつ茶漬けとか、僕的にはやったーって感じなんだけど、これは全男子に言えることです、絶対。こってりした味、大好き！　だって恋愛も、たぶん女の子より男のほうがしつこいし、昔の恋人をいつまでも思ってたりするでしょ？女の人はあっさりした味が好きだから、恋もあっさりしてるような気がする。違うかな（笑）。

　好きこそ物の上手なれ、じゃないですけど、ハンバーグは自分が好きだから作り始めて、最初あんまりおいしくできなかった。で、どうやったら旨くなんのかな…と、はちみつ入れてみたり、たけのこ入れてみたり、いろいろ試行錯誤して。あるときふと冷蔵庫を開けたらほうれん草があって、これでソースを作ってみたらおいしいかも？　色がキレイでいいかも？と思い、やってみたら、これが大当たり！　むちゃくちゃおいしくて、このソースはすっかり僕の定番になりました。

　しょうが焼きやぶり大根は、オフクロの味って感じの1品。もともと僕はオフクロが作ってくれるブリ大根がすごく好きだったんです。コクがあって深い味なのにどこか優しい。そう、男は多分、おいしさに加えて優しさがある、そんな味つけに弱いんだと思う。

　でも、肉料理ばっかりじゃなくて、必ずちょっと温野菜を添えたり、サラダを作ったり、野菜の料理を一緒に出すと、好感度アップしますよ。それが好きな男に料理を作るときのコツ。「あ、オレのカラダのこと考えてくれたんだ…」とか思って、男もキュンとするもんなんですよ。で、絶対残さず全部食べちゃいます！

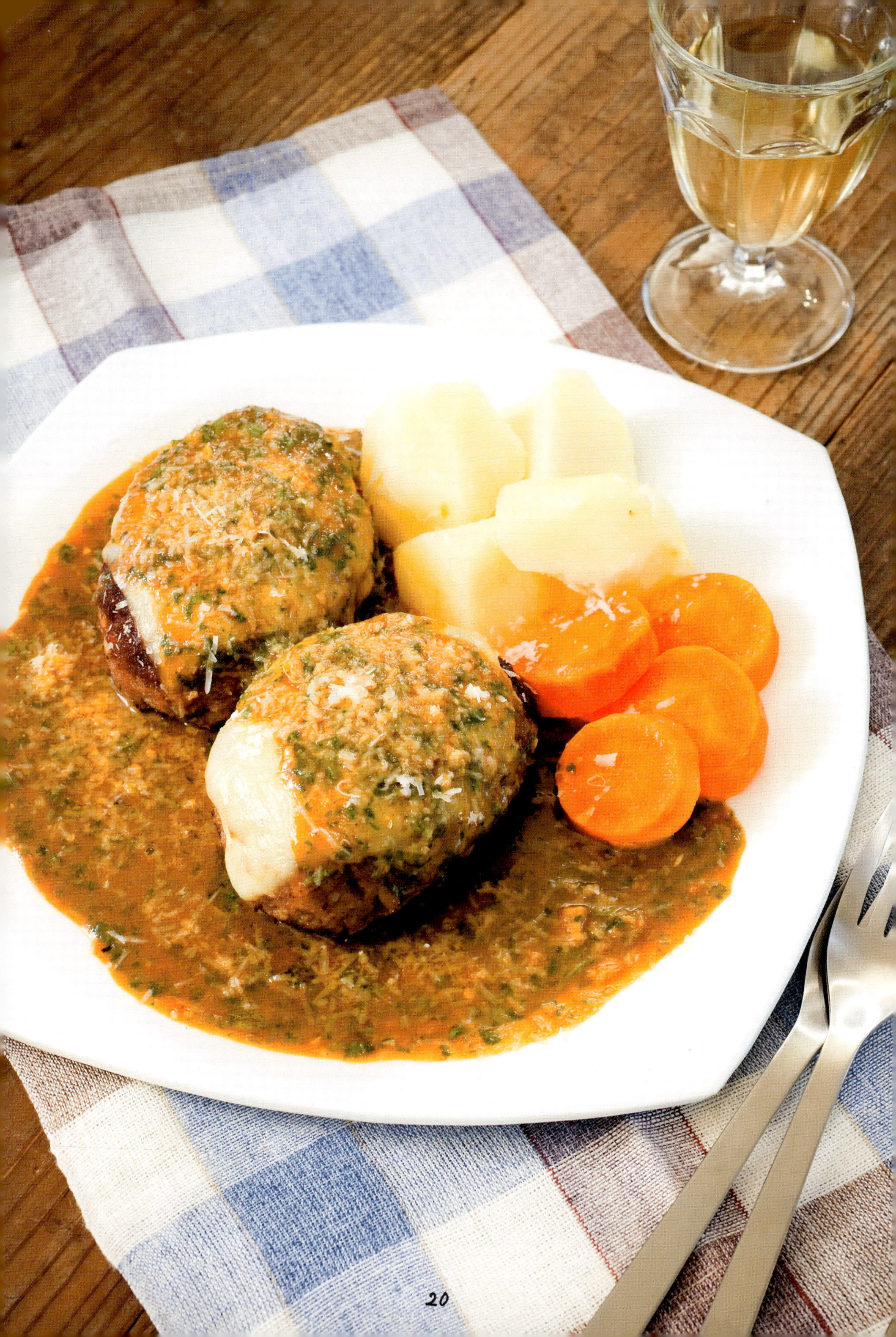

ハンバーグステーキ もこみち流
チーズとほうれん草のソースで

玉ねぎの甘みとしいたけの旨みで、じんわり美味しいハンバーグ。
玉ねぎは食感を生かしたいから炒めません。
ほうれん草がたっぷり入ったチーズ入りソースは、僕のオリジナル。
ちょっと手間がかかるけど驚くほど美味しいから、ぜひ作ってみて下さい。

材料（3～4個分）

- 合びき肉……500g
- 玉ねぎ……¾個
- しいたけ……4枚
- にんにく……2かけ
- A
  - パン粉……50g
  - 卵……½個
  - 塩……小さじ1
  - こしょう……少々
- ほうれん草……100g
- B
  - デミグラスソース（市販）……1～1½本
  - 牛乳……1カップ
  - バター……20g
  - パルミジャーノ（なければ粉チーズ）……60g
  - 砂糖、ケチャップ……各大さじ1
- スライスチーズ……3～4枚
- 付け合わせ：ゆでたじゃがいも、にんじん……各適量

作り方

1. 玉ねぎ、しいたけ、にんにくの半量はみじんぎり。ほうれん草は洗って根を落とし、フードプロセッサーで細かくする（プロセッサーがなければ細かく刻む）。
2. ボウルにほうれん草以外の1、ひき肉、Aを加えてよく混ぜる。3～4等分に丸める。
3. フライパンにオリーブオイル（分量外）、残りのにんにくを包丁の腹でつぶしたものを入れて火にかけ、にんにくがきつね色になったら取り出し、2を両面焼く。ふたをして10分ほど弱火で蒸し焼きにする。皿に取り出し、スライスチーズをのせる。
4. 3のフライパンでB（パルミジャーノは仕上げ用に少し取り分けておく）とほうれん草を煮詰める。
5. ハンバーグに4のソースをかけ、仕上げにパルミジャーノをふりかける。じゃがいも、にんじんを添える。

チーズをたくさん使った濃厚なひと皿。ソースがとにかく美味しいので、付け合わせの野菜にもたっぷりからめて食べよう。

すき焼き＋牛肉の卵とじごはん

いろいろな作り方があるすき焼きだけど、
僕は肉をさっと焼いてから煮込みます。
鍋を食べ終わって、残った材料を
卵でとじてごはんにかけるのも楽しみのひとつ。

材料（2人分）
- 牛肉すき焼き用……200g
- 長ねぎ……1/2本
- 春菊……1/2パック
- しいたけ……2〜4枚
- しめじ……1パック
- 大根……150g
- 白菜……3〜4枚
- 焼き豆腐……100g
- しらたき……100g
- 白ごま……適量
- 割り下（市販のもの、あるいは酒、しょうゆ、みりんを1:1:1で。）……適量
- 余ったら：長ねぎ、細ねぎの小口切り……各適量
- 卵に牛乳を少々加えてほぐしたもの……適量
- ごはん……適量

作り方
1. 長ねぎは厚めの斜め切りに。春菊は2等分、しめじはほぐしておく。大根はまな板にのせて、ささがきにする。豆腐は4等分に切る。
2. 鍋に油少々を熱し、牛肉、長ねぎを入れて少し焼きつけ、割り下を入れる。残りの材料を入れて中火でしばらく煮る。
3. 鍋の中身が余ったら、長ねぎ、細ねぎを入れて溶き卵を回し入れる。ごはんにのせ、白ごまをふる。

割り下は、すき焼き用の市販品を使えばより手頃だけど、材料の配合の比率が簡単なので、覚えておけば何かと便利です。

大根とにんじんの大葉サラダ

大根の辛さとにんじんの甘みに、ごまの香りを効かせてます。
濃厚なメイン料理には、必ずこんなさっぱり系の副菜を添えたい。
B型なんでそういうところ、こだわるタイプで…。

材料（2人分）
- 大根……100g
- にんじん……1/2本
- きゅうり……1/2本
- かいわれ……1/4パック
- 大葉……5枚
- 白ごま……大さじ2
- ドレッシング（市販のノンオイルのもの）……適量

作り方
1. かいわれは根を落とし、さっとすすぐ。大根、にんじんは皮をむき千切りにする。きゅうり、大葉も千切りにする。冷水に放してシャキッとさせる。
2. 皿に1を盛り、白ごまをふり、ドレッシングをまわしかける。

ドレッシングは市販のノンオイルのもので、青じそ、ごまなど、何でも。ポン酢を使ってもさっぱりとして美味しい。

砂肝と白菜のあっさり鍋

さっぱりとポン酢で食べる、ヘルシーな大人の鍋。
僕はちょっと風邪を引いたかな? と思ったときにも作ります。

材料(2人分)

砂肝	150g
白菜	¼株
水菜	½束
しいたけ	4枚
昆布	10cm
だしの素	大さじ1
ポン酢、または塩と粗びきこしょう	各適量

作り方

1 砂肝は細かく切る。白菜は1cm幅に切り、水菜は3等分に切る。しいたけは薄切りにする。
2 鍋に水3～4カップと昆布、だしの素を加えて火にかけ、砂肝を加えて10分ほど煮る。
3 残りの野菜を加えて2～3分煮る。ポン酢や塩と粗びきこしょうをつけていただく。

コリコリとした歯ごたえが美味しい砂肝。面倒な下ごしらえも不要で、その上低カロリーと、とっても優秀な素材。苦手な人は鶏もも肉で作ってみて。

肉豆腐

市販のめんつゆでササッとできるので
料理の初心者でも大丈夫！

材料(2人分)

- 焼き豆腐 …………… 200g
- しめじ ……………… 1パック
- 豚ばら肉 …………… 150g
- A
  - 酒 ………………… 大さじ2
  - しょうゆ ………… 大さじ½
  - だしの素 ………… 小さじ½
  - みりん …………… 大さじ1
  - めんつゆ ………… 大さじ1
  - 鷹の爪 …………… 1本

作り方

1. 豆腐は4等分に切る。しめじはほぐす。豚肉は2等分に切る。
2. 鍋にAと水¾カップを煮立ててしめじを5分ほど煮て、豚肉、豆腐を加えさらに5分煮る。

誰もが好きな居酒屋の人気メニューも、だしの素＋めんつゆを味方にしたらこんなに簡単に。僕はめんつゆは3倍濃縮タイプを使っています。

2 おなかがすいたら、すぐ作ろう。
すぐできてお腹にたまる、丼やパスタ

香りが上がってくる、この瞬間が好き！

火加減を見るときだけは繊細な男に…

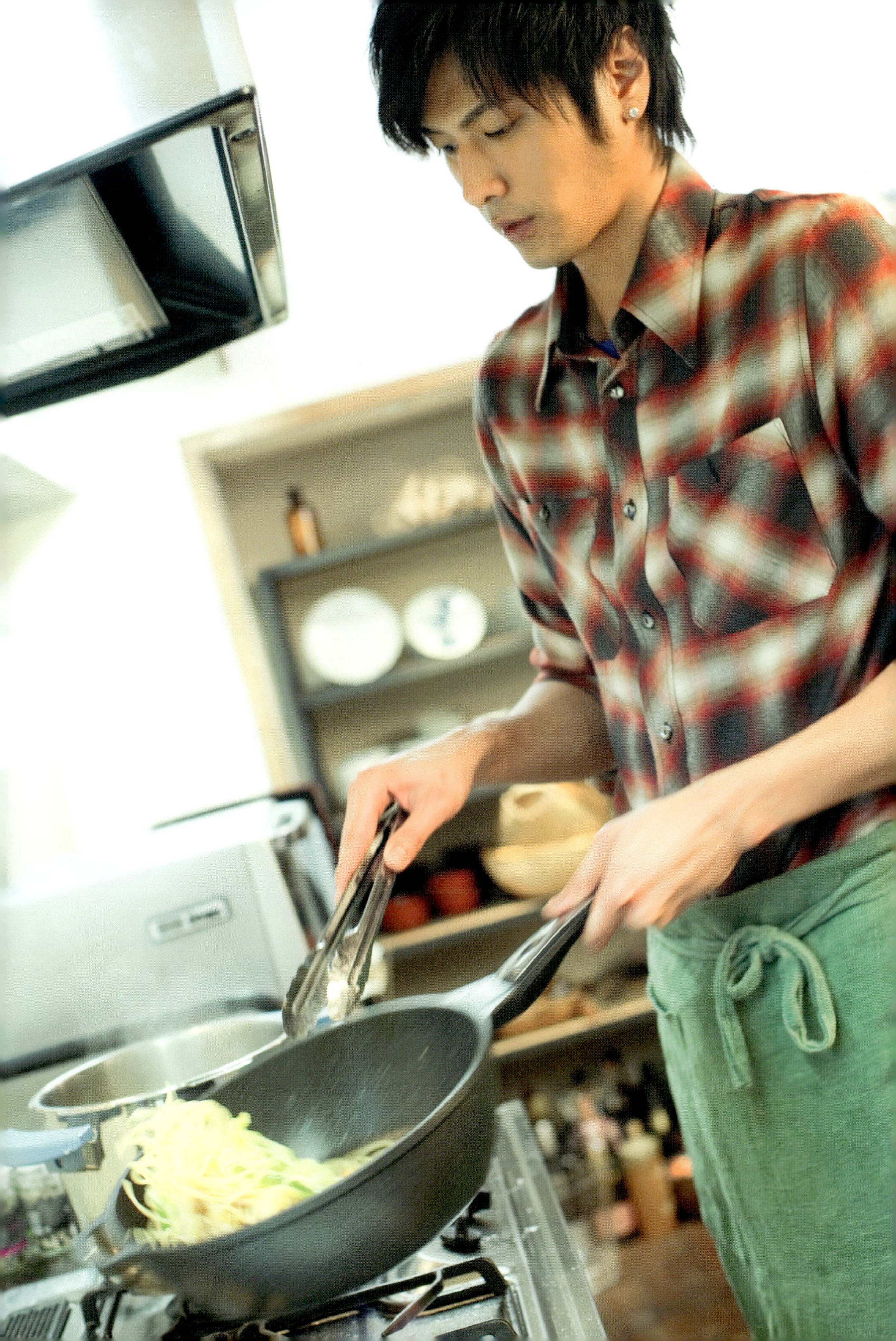

キャベツとアンチョビのパスタ

思い立ったらすぐできるシンプルパスタ。
パスタは岩塩でゆでると引き締まった味になります。

材料(2人分)

キャベツ……………2〜3枚
アンチョビフィレ………4枚
にんにく………………1かけ
鷹の爪…………………1本
オリーブオイル……大さじ3
岩塩、粗びきこしょう
………………………各適量
パスタ（9分ゆでのもの）
………………………200g

作り方

1 キャベツは一口大にちぎる。にんにくはつぶしておく。アンチョビは刻む。
2 鍋に湯を沸かし、岩塩を加えてパスタを表示に従ってゆでておく。残り30秒になったらキャベツを同じ鍋に入れて茹でる。
3 フライパンにオリーブオイル、にんにく、鷹の爪を入れて火にかけ、香りが立ったら取り出し、刻んでフライパンに戻す。
4 3にアンチョビ、2を加えて炒め、粗びきこしょうをふり、器に盛る。

手早く作るポイントは、キャベツをパスタと同じ鍋で、時間差でゆでること。薄く下味もつき、時間と手間も省けます。

チーズのクリームパスタ

青カビや白カビ、風味の違うチーズを溶かしてパスタにからめた一品。
凝って見えるけどすぐにできて、味つけ要らずだから覚えておくと便利!

材料(2人分)

ゴルゴンゾーラ、ロックフォール、カマンベールなど好みのチーズ
……………… 合わせて200g
パルミジャーノ……… 適量
にんにく……………… 1かけ
オリーブオイル…… 大さじ1
岩塩……………………… 適量
パスタ(9分ゆでのもの)
……………………… 200g

作り方

1. 鍋に湯を沸かし、岩塩を加えパスタを表示に従ってゆでておく。
2. フライパンにオリーブオイル、つぶしたにんにくを入れて火にかけ、香りが立ったら取り出して、刻んでおく。
3. チーズを切って加え、ゆで汁1/4カップほどで溶きのばし、弱火で溶かす。パスタ、**2**のにんにくを加えてよくからめる。好みでパルミジャーノをふる。

僕はパンチの利いた味が好きなので、青カビ系ばかり3種類使って作ることも。ゴルゴンゾーラ、ロックフォール、スティルトン…。

トマトとなすのパスタ

トマトの水煮缶となすで、すぐにできるパスタ。
なすの輪切りは薄めに切ると、火の通りが早くなり、
より時間の短縮になります。

材料(2人分)
- なす……………………2本
- ベーコン………………2枚
- トマト水煮缶…………½缶
- パルミジャーノ………適量
- オリーブオイル……大さじ1
- 岩塩……………………適量
- パセリ…………………適量
- パスタ（9分ゆでのもの）
  ……………………200g

作り方
1. なすは輪切りにして、油をひかないフライパンで焼いて取り出しておく。ベーコンは2cm幅に切る。パスタをゆでておく。
2. フライパンにオリーブオイルを熱し、ベーコンを炒める。トマト水煮缶をつぶしながら加え、弱火で5分ほど煮て火を止め、なす、パルミジャーノ大さじ2〜3を混ぜる。パスタにのせ、パルミジャーノ、刻んだパセリをふる。

さっぱりトマトベースのソースに、ベーコン&チーズのコクと旨みが加わって。仕上げのチーズはぜひたっぷりふりたいもの。

たらこバターのパスタ

ゆで上がったパスタに、さっとからめてできあがりの一品。
たらこはたっぷり使いたい！

材料（2人分）
たらこ……………………50g
きざみのり……………適量
バター……………………20g
オリーブオイル…小さじ2
しょうゆ…………大さじ½
パスタ（9分ゆでのもの）
……………………………200g

作り方
1 フライパンにオリーブオイル、バターを熱して少量のゆで汁を加え、煮立ったら、ざく切りにしたたらこ、しょうゆを加える。パスタをからめる。仕上げにのりをふる。

デパートの物産展などで、ふっくら美味しそうなたらこに出合うと、作りたくなるパスタです。そういう食材を探しに行くのも好き。

もやしカレースパイス炒め　温玉のせ

スパイシーなもやしとしっかり味のひき肉を、
とろり温玉が包み込んで美味しいひと皿、
ワシワシかき込むうちに、あっという間にお皿が空に！

材料(2人分)

- 豚ひき肉……………………250g
- もやし………………………150g
- サラダ油……………小さじ2
- A
  - バター………………………10g
  - カレー粉……………大さじ1
  - 塩……………………小さじ½
  - 粗びきこしょう………少々
- 温泉玉子……………………2個
- ごはん………………………適量

作り方

1. もやしは洗ってひげ根を取る。フライパンにサラダ油を入れてひき肉を炒め、色が変わったらもやしを加える。
2. Aで調味し、ごはんにのせる。中心に温泉玉子をのせる。

もやしのひげ根は、時間がなければそのままでも。僕は（意外と？）きちんと取る派。無心になって作業をするのって、ちょっと楽しくないですか？

カレー丼　黄身のせ

いつものカレーにひと工夫、
牛乳仕立てのまろやかカレー丼。

材料(2人分)
- 牛肉カレー用 …………… 250g
- 玉ねぎ …………………… 1個
- にんにく ………………… 1かけ
- にんじん ………………… 1本
- アスパラガス …………… 3～4本
- カレールー ……………… 小1箱
- サラダ油 ………………… 大さじ1
- 牛乳 ……………………… 3カップ
- 塩、こしょう …………… 各少々
- 卵黄 ……………………… 2個
- ごはん
- 付け合わせ：福神漬け、らっきょう薄切り

具は気持ち大きめに、ゴロゴロするくらいがちょうどいい感じ。アスパラガスのほかにも、その時々の季節の野菜を入れてみて。

作り方
1. 玉ねぎは半量をみじん切り、残りはくし形切りにする。にんじんは乱切り、にんにくはみじん切りにする。アスパラガスは3等分に切る。
2. 鍋に油、にんにく、玉ねぎみじん切りを加えて炒め、牛肉、残りの玉ねぎ、にんじんを入れて炒める。
3. 牛乳を加えて、沸騰したら中火にし、10分ほど煮る。アスパラガス、刻んだルーを加え、よく溶かし、5分ほど煮たら塩、こしょうで味を調える。
4. ごはんにのせ、中心に卵黄をのせる。付け合わせを添える。

僕と早メシ。

　仕事が終わって家に帰って、「あぁ腹が減った！」と思うと同時に、僕はもうキッチンに立って、冷蔵庫を開けて、「何作ろうかな…」と材料を見ながら思案。
　とりあえず早く食べたい、早くお腹一杯になりたい！　そんなときには、サッとできておまけにひと皿でばっちり満腹になる、そんなメニューを作りますね。すごく手間を掛けるメニューも楽しいけれど、15分くらいでできちゃう料理っていうのも、結構作るの楽しいんですよね。自分の中で、"時間との戦い！"って感じで、チャキチャキやるのが。
　とりあえず「お腹がすいた！」ってときには、まず米！　白いごはんが絶対食べたいので、それに合うおかずを考えつつ、どうせなら上にのっけて丼にしちゃえ、ってことが多いです。男子は丼に弱いですよ。僕、中華料理が好きなんですが、たぶんそれってどのおかずもごはんに合うからだと思う。で、ごはんに乗せてガツガツっと。ホント、幸せの瞬間。だからカレーも、丼にして出してくれたら余計うれしいかもね。
　ごはんを炊くのも待てないときは、パスタを作る。パスタは、どんなに急いでも、にんにくをオリーブオイルで炒めて香りを出す工程だけは、じっくりじっくり丁寧にやる。パスタのキモはそこだから。フライパンを斜めにしてオイルの中ににんにくが浸かるようにし、素揚げするみたいにじわーっと。あとは岩塩の量。少ないか？とかビクビクするより、ガッとつかんでワッと入れる。男の料理ですから、多少はワイルドに！
　ここで紹介したメニューは、どれもあっと言う間にできるので、お腹が空いた彼が遊びに来たときに、ぜひ作ってあげて下さい。ササッとこんなのが出てきたら、男子大喜び。絶対全員ノックアウト。っていうか僕も、そんな料理上手な彼女と付き合いたい。

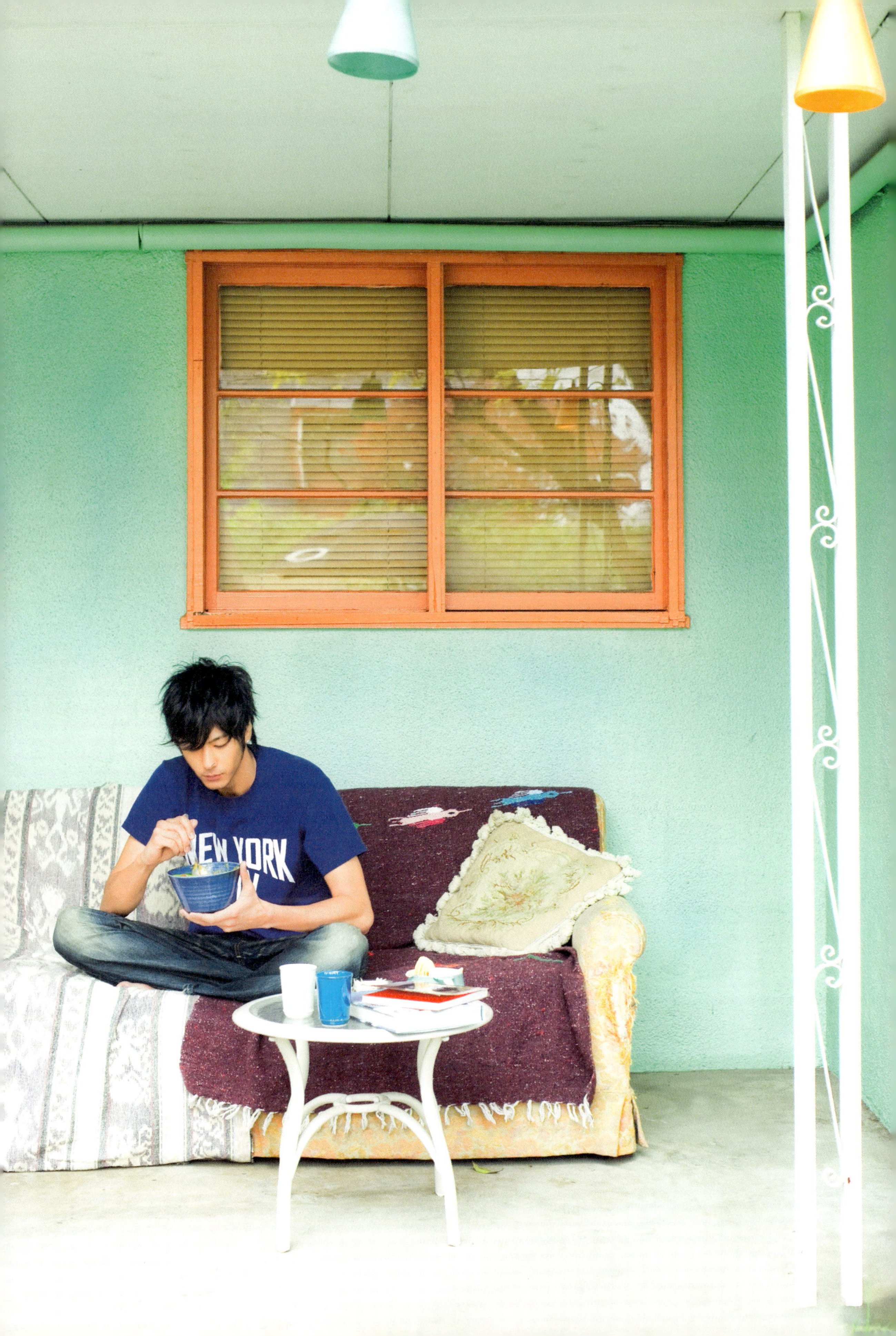
EW YORK

いんげんとひき肉の炒め物

ざっと炒めてごはんにかけてモリモリ食べる。
仕事で疲れて帰った夜の、
僕のエネルギーチャージ定番料理です。

材料(2人分)

- 豚ひき肉 …………… 150g
- いんげん …………… 100g
- にんにく …………… 1かけ
- 鷹の爪 ……………… 1本
- ごま油 …………… 小さじ1
- A
  - 酒、黒酢 … 各大さじ1
  - しょうゆ …… 小さじ1
  - 中華だしの素
    …………… 小さじ½
  - 塩、粗びきこしょう
    …………… 各少々

作り方

1. いんげんは1cm幅に切る。にんにくはみじん切りにする。
2. フライパンにごま油、鷹の爪、にんにくを入れて火にかけ、ひき肉を炒める。肉の色が変わったらいんげんを加える。
3. Aを順に加え味を調える。

僕の隠れNo.1レシピと呼べるほど、よく作る1品。
黒酢が効いてさっぱり風味です。ごはんがいくら
あっても足りない、かなり危険な料理かも…。

焼きうどんのサラダ

ごま油＋マヨネーズのWパンチが、
男のハートにガツンと来るひと皿。
お腹がいっぱいになるボリュームサラダ。

材料（2人分）

- ゆでうどん……………… 2玉
- きゅうり………………… 1本
- 玉ねぎ………………… ¼個
- レタス…………………… 2枚
- ツナ缶………………… 小1缶
- 刻みのり……………… 適量
- ごま油………………… 大さじ1

A
- 酢、しょうゆ、ごま油 …………… 各大さじ1
- マヨネーズ …………… 大さじ4〜5
- 粗びきこしょう… 少々
- ゆずこしょう…… 少々
- ラー油……… 小さじ½

作り方

1. きゅうりは千切りにする。玉ねぎはみじん切り、レタスはちぎる。
2. フライパンにごま油を熱し、うどんを炒める。
3. ボウルに2を取り出し、ツナを混ぜ、1とAを加えてよく混ぜる。器に盛り、のりをかける。

野菜のシャキシャキ感が、夏のブランチにぴったり。うどんを炒めたら冷蔵庫で冷やして野菜と和えよう。マヨネーズとごま油って意外に合う！

牛肉しそのせごはん

夏まっさかりに食べたい、
エスニック風味のひと皿です。

材料(2人分)
- 牛こま切れ肉…………300g
- にんにく、しょうが…………各½かけ
- 玉ねぎ…………½個
- 大葉…………10枚
- 鷹の爪…………1本
- A ┌ 酒…………大さじ3
  └ ナンプラー…………大さじ2
- 白ごま…………大さじ1
- サラダ油…………小さじ2
- ご飯…………適量

作り方
1. にんにく、しょうが、玉ねぎはみじん切りにする。大葉は千切りにする。
2. フライパンに油を入れ、大葉以外の**1**と鷹の爪を炒め、牛肉を加える。**A**を加えてよく炒め肉に火が通ったら火を止め、大葉を加える。
3. **2**をご飯にのせ、白ごまをふる。

ナンプラーを効かせて、スパイシーに仕上げたアジアン風味の1皿。たっぷりの大葉の香りがさわやかで、これも夏気分いっぱいです。

海鮮ときのこの炒め物

ピリ辛味でごはんが進む！
黒酢でさっぱり仕上げよう。

材料（2人分）

- A
  - いか……………100g
  - むきえび………80g
  - 帆立……………4個
- しいたけ…………3枚
- えのき……………80g
- サラダ油…………小さじ2
- B
  - にんにく、しょうが各みじん切り
    ……………各大さじ½
  - 鷹の爪みじん切り
    ……………少々
- C
  - 塩、こしょう…各少々
  - 中華だしの素
    ……………小さじ1
  - 酒、黒酢…各大さじ2
  - ラー油………小さじ½
- ごま油……………小さじ2

作り方

1. いかは1cm幅の棒状に切り、えびは背わたを取る。しいたけはちぎり、えのきはいしづきを落とす。
2. フライパンにサラダ油とBを入れて火にかけ、Aとしいたけ、えのきを入れて炒め、Cを順に加える。
3. 火を止め、ごま油をまわしかける。

材料のシーフードは冷凍もので大丈夫。手に入りやすいものを使って下さい。ヘルシーな黒酢仕上げで、女の人はこういうの好きなんじゃないかな。

牛豚丼

これぞ肉好きのためのメニュー。
2種類の肉のうまみを贅沢に味わおう。

材料(2人分)

牛こま切れ肉……………150g
豚こま切れ肉……………150g
玉ねぎ……………………1個
にんにく…………………2かけ
しいたけ…………………4枚
糸こんにゃく……………60g
サラダ油…………………小さじ2
A ┌ めんつゆ3倍濃縮タイ
　│ プ………………½カップ
　│ 酒………………¼カップ
　│ しょうゆ…大さじ1½
　│ みりん………大さじ1
　└ 塩、こしょう…各少々
ごはん……………………適量

作り方

1 玉ねぎは¾個分をみじん切りにし、残りはくし切りにする。にんにくはつぶす。しいたけは薄切りにする。
2 鍋にサラダ油を熱し、玉ねぎのみじん切りと肉を炒め、**A**を加える。残りの材料を加えてふたをし、中火で7〜8分煮る。煮あがったらごはんにのせる。

玉ねぎやしいたけ、糸こんにゃくも入って食感も楽しい丼。これも市販のめんつゆを使って作るので、失敗知らずのお手軽メニューです。

焼きとり丼　スープだし茶漬け

半分はそのまま、残りは手羽スープをかけて食べる
一品で2回美味しいちょっとリッチな丼。
スープは時間があれば手作りすると最高だけど
忙しい人は市販のガラスープでもOK。

焼ききのこの茶漬け

さっと焼いたきのこと
ほうじ茶の香りを楽しむ
お腹に優しい一品。

材料(2人分)
しめじ、まいたけなどの
きのこ類……合わせて200g
わさび、刻みのり…各適量
ほうじ茶………3〜4カップ
塩………………………少々
ごはん…………………適量

作り方
きのこはほぐしてグリルで焼く。ごはんにのせて、のり、わさびをトッピングする。ほうじ茶をかけて、塩をふる。

ノンオイル&低カロリー。夜遅い時間まで夕食を食べ損ねた、忙しかった一日の締めに、ほっとできるこんな食事はどうですか？

材料(2人分)
鶏もも肉…………………1枚
長ねぎ……………………½本
サラダ油…………小さじ2
A ┌ 酒、しょうゆ、みりん
　│　　　　　　各大さじ1
　│ 砂糖…………大さじ½
　│ 塩……………小さじ⅓
　└ こしょう…………少々
わさび、白ごま……各適量
ごはん……………………

手羽先で作るスープは、とんかつ茶漬け（P.14）でも活躍。覚えておくと何かと便利なので、ぜひ一度は作ってみて下さい。

作り方
1 鶏もも肉は一口大に切る。長ねぎは半量をみじん切りにし、残りは白髪ねぎにする。
2 フライパンに油を熱し、鶏肉を押さえながら焼きつける。Aを加えて煮詰める。
3 ごはんに2をのせ、長ねぎ、わさび、白ごまをトッピングする。途中、スープをかけても。

スープ
手羽先2〜4本としいたけ薄切り（4枚分）、水5カップを入れて30〜40分煮込む。塩、こしょうで味を調える。

僕のお気に入りの道具

僕が気に入って使っている、料理ツールをご紹介。
料理好きな知人に薦められたり、撮影で海外に行った
ときに時間を見つけて探したりしたものです。

サラダスピナー

撮影が続くと野菜を摂れなくなるから、普段からサラダをよく作っています。自分でハンドルを回すタイプなので、水切り加減が調整できるのが便利。海外で購入。

鉄鍋

鋳鉄でできた鍋。ふたも同じ素材のいわゆるダッチオーブンタイプの鍋です。ふたが重いぶん中の圧力が上がり、カレーやシチューなどの煮込み系の料理がじんわり美味しくなります。黒光りしたハードなルックスも男らしくて僕にぴったり？ これは『ストウブ』のもの。

包丁

包丁は、マイ包丁袋をもっているほど好きなツール。最近、『グローバル』のプロ用の牛刀を手に入れました。家庭用よりも刃を鋭く立ててあって、なにしろよく切れる。時々は研ぎに出さないといけないんだけど、その手間がまたプロっぽくてうれしいんだよね。

チーズおろし器

塊のパルミジャーノをこよなく愛する僕には欠かせないツール。全部で4種類の目があって、粗いのや細かいのが選べます。下にふたがあって、おろしたチーズが散らばらない優れものです。これも海外で購入。

3
友だち呼んで、
みんなで食べよう。
ワイワイ大勢で食べたいレシピ

MEAT RUSH Bakery
Frozen Seafood

あいつはあれが好きなんだよな

あれってどこだ？

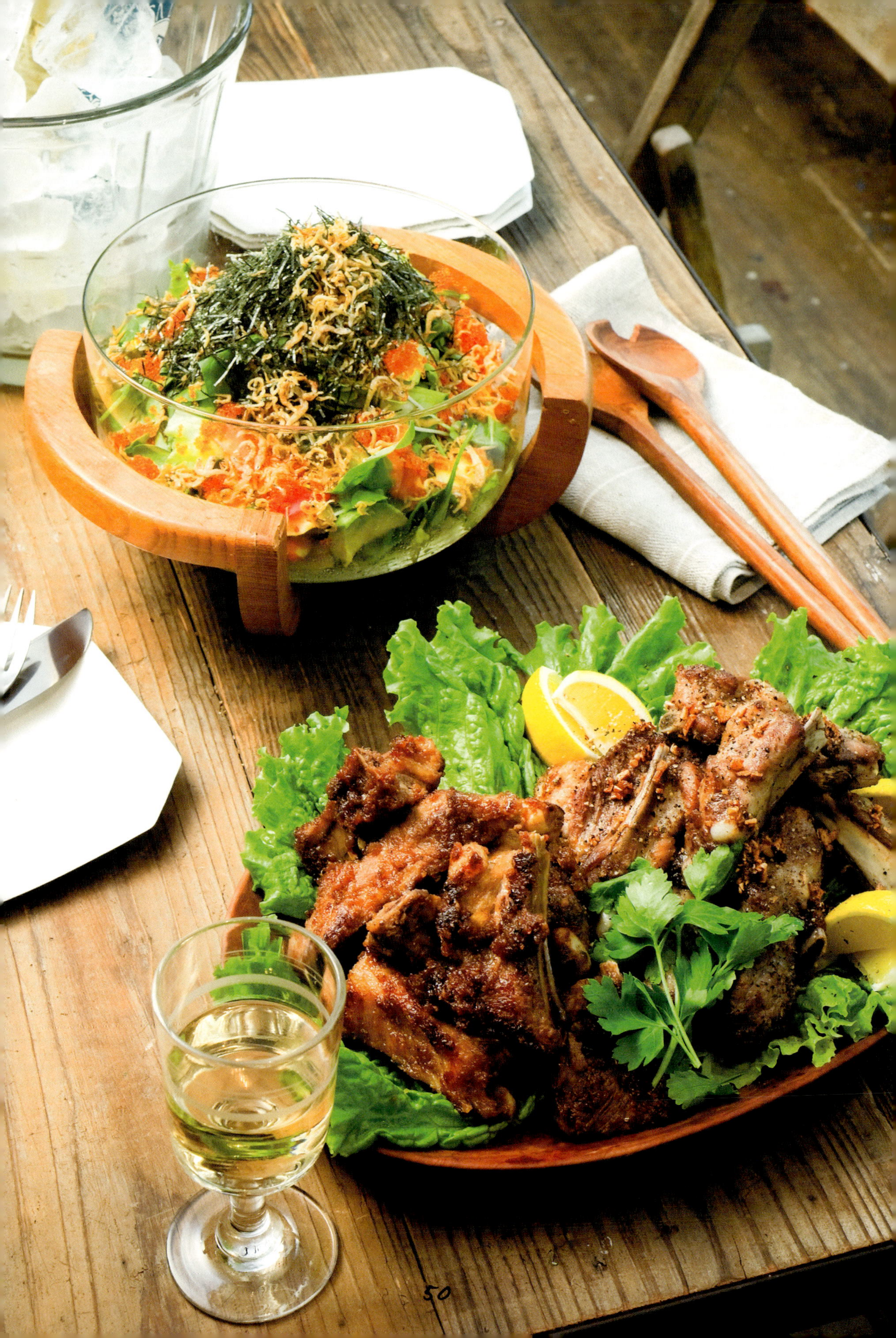

スペアリブ2種　甘辛だれ&ブラジル風

友だちをたくさん呼んでドーンと出したい、ボリュームいっぱいのスペアリブ。
ちょっと甘めのBBQ味と、インパクトあるスパイス加減のブラジル味の2種類。

材料

豚スペアリブ………… 1kg

〈甘辛だれ〉
玉ねぎ………… 1½個
にんにく、しょうが
………… 各1～2かけ
酒………… ⅓カップ
しょうゆ、ケチャップ、は
ちみつ………… 各大さじ3
砂糖、黒酢……各大さじ2
塩………… 小さじ2
粗びきこしょう……… 少々

〈ブラジル風〉
にんにく、しょうがすりお
ろし………… 各大さじ2
にんにくみじん切り
………… 大さじ2
酒………… 大さじ1
塩………… 大さじ1
粗びきこしょう、ミックス
ペッパー、ハーブミックス
など合わせて大さじ1～2

揚げ油………… 適量

作り方

1 たれの材料は各々合わせておく。スペアリブは半量ずつに分けて、1本を2等分し、それぞれ包丁で筋切りし、2種のたれに漬け込む。冷蔵庫で半日置く。
2 〈甘辛だれ〉肉についた余分なたれをキッチンペーパーでぬぐって、油（分量外）をひいたフライパンに並べ、両面5分ずつじっくり焼く。ふたをして10分ほど蒸し焼きにし、残りのたれをからめて、煮詰める。粗びきこしょうをふる。
3 〈ブラジル風〉肉を一度ゆでて取り出し、水分をふきとったあと揚げ油を170度に熱し、10分ほど揚げる。ゆで汁は残り野菜などを加えてスープにも…。

テーブルが一気に華やぐのはやっぱりこんな肉料理。前夜にたれにさえ漬けておけば、当日火を通すだけ。簡単だけど見映えのいいメニュー。

アボカドとじゃこの贅沢サラダ

じゃこのカリカリ感にとびっこのプチプチ、アボカドのクリーミーさ。
食感のコントラストが楽しい、パーティにぴったりのサラダ。

材料（7～8人分）パーティ用

アボカド………… 1個
きゅうり………… 2本
かいわれ………… 1パック
レタス………… 1玉
トマト………… 2個
セロリ………… 1本
ほうれん草（サラダ用）
………… 1パック
ちりめんじゃこ、とびっこ
………… 各50g
揚げ油………… 適量
刻みのり、ポン酢…各適量

作り方

1 アボカドは縦半分に切り、種を取ってスプーンで食べやすい大きさにくりぬく。きゅうり、セロリは斜め薄切り、かいわれ、ほうれん草は根を落とす。レタスはちぎる。トマトはざく切り。トマト、アボカド以外は冷水に放し、サラダスピナーかざるで水気をよく切る。
2 ちりめんじゃこは少量の油でカリカリになるまで揚げる。
3 サラダボウルに1、2ととびっこを盛り付け、のりをのせる。ポン酢をまわしかける。

食感が大事なので、野菜の水気はしっかり切って。ドレッシング代わりにさっぱりポン酢を使って、カロリーオフ。女性にきっと大人気だと思う。

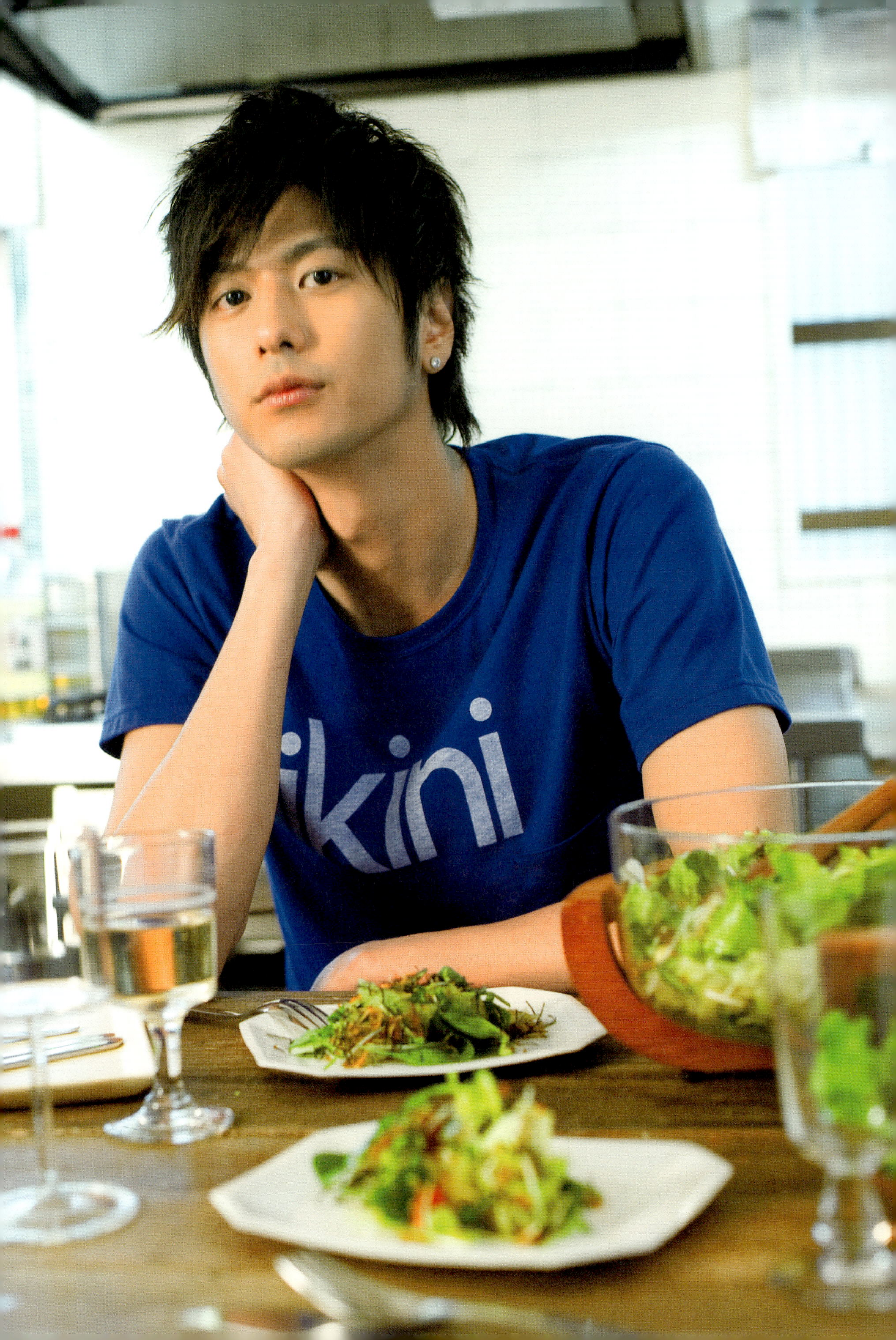
ikini

自慢の腕を披露。

　休みの日、昼ごはんを作ってると、友だちから突然「ちょっと遊びに行っていい?」とか電話がかかってくることがたまにあって、「じゃあ今メシ作ってるから、一緒に喰う?」みたいな展開、結構好きです。やっぱり、料理作ってると、誰かに作ってあげたい気持ちになるんですよね。それがたとえ男友だちでも（笑）。誰かに食べさせるなら、張り切って、いつもより凝ったものを作ったりするんですよ。で、「すげぇ、これどうやって作ったの?」「えー、ちょっと言えねぇなぁ」なんてやりとりをしたりして。内心、「当たり前だよ、オレ料理上手いもん」と思ってたりもするんですけどね（笑）。結構自信家です、料理に関しては。

　最初から人が来るってことが分かってるときは、すごい手が込んだものを作るのも好き。2時間じっくり煮込んだり、下味を何度もつけて焼いたり、そういう工程全部が楽しい。夢中になっちゃうと、何時間でもキッチンにいられるんです、僕。全然苦じゃない。

　人が来たときに大事にしているのは、料理の匂いをあえて充満させること。ちょっといい匂いをわざとみんなが気が付くように漂わせる。そうすると「何? おいしそう!」ってみんなキッチンに集まってきて、盛り上がるでしょう?「いや、まあちょっと待て」とか言いながら、料理している様子を覗かせたりして。そういう楽しませ方も、人を呼んだときには大事ですよね。

　もしこれを読んでいる女の子が、彼を招いて料理をするなら、最後に甘いものを出してあげると、いいと思う。女の子が甘いものを作るって、その行動自体がすっごいかわいいじゃないですか。あれはポイント高い。おまけに「一口ちょうだい」とかもできるしね。

54

チヂミ

たらこ入りの生地は
しっかり味で、
お酒も会話も進むメニュー。
好みでキムチやカクテキを
のせて食べても。

材料（2〜3枚分）
- 牛または豚薄切り肉…150g
- たらこ……50g
- にら……60g
- 玉ねぎ……1/2個
- にんじん……1/2本
- チヂミ用粉……1袋（200g）
- 卵……1個
- ごま油……大さじ2〜3
- 付け合わせ：キムチ、カクテキ……各適量

作り方
1. たらこはほぐす。にらは5cm長さに切る。玉ねぎは薄切り、にんじんは千切りにする。ボウルに入れ、肉、卵、粉と水1カップを加えてよく混ぜる。
2. フライパンにごま油を熱し1を流し入れ、両面中火で3分焼く。
3. 食べやすく切り分け、器に盛り、付け合わせを添える。

お酒を飲む人にも、飲まない人にも人気のチヂミ。下味が効いているので冷めても美味しく、おもてなしにぴったり。好みで酢じょうゆを添えて出して。

水菜とトマトのじゃこサラダ

カリカリじゃことシャキシャキ水菜の黄金コンビのサラダ。
ゴーヤを加えてほろにが大人風味に仕上げました。
こんもり盛ってテーブルにドン！

材料
- 水菜……1袋
- ミニトマト……12個
- ゴーヤ……1本
- ちりめんじゃこ…大さじ5
- ドレッシング……好みのもの
- 揚げ油……適量

作り方
1. 水菜は3等分に切り、冷水に放す。ミニトマトは半分に切る。ゴーヤは縦半分に切って種を取り、斜め薄切りにする。じゃこは少量の油でカリッとするまで揚げる。
2. 皿に1を盛り、ドレッシングをまわしかける。

山盛り感が楽しい、夏向きのさっぱりサラダ。ゴーヤの苦味ってカラダにいい！って感じがするよね。苦いのがあまり得意じゃない人は一度冷水に取ってから水気を切って。

桜えびとそら豆＆ごぼうとにんじんのかき揚げ

かき揚げは、大きく揚げて蕎麦と食べても美味しいけれど
こんな風に小さく作ったら華やかなパーティメニューに。
失敗しないコツは、フライパンに少量の油を入れて揚げること。

材料（各6〜7個分）

- A
  - 桜えび………… 大さじ5
  - そら豆………… 150g
- B
  - ごぼう………… 1本
  - にんじん……… 1/3本
- たまご………………… 1個
- 小麦粉………… 1 1/2カップ
- 塩………………………… 適量
- 揚げ油…………………… 適量

作り方

1. そら豆はさやから取り出し、皮をむいて粗く刻む。ごぼう、にんじんは細切りにする。それぞれをボウルに入れておく。
2. 卵に水80〜100ccを合わせ、小麦粉を加えてさっくりと混ぜて衣を作る。1にそれぞれ衣の半量ずつを加えて混ぜ、スプーンで落としながら一口サイズに揚げる。塩を添える。

季節感をさりげなく取り込むのも、パーティ料理のポイント。かき揚げは素材をアレンジしやすいから、いろいろ試してみて。

豆乳入り茶碗蒸し

あつあつの湯気が上がっているところをサーブすれば
きっと歓声が上がる茶碗蒸し。
豆乳が入ってよりクリーミーです。

材料（器6〜8個分）
卵	4個
鶏ひき肉	200g
むきえび	80g
しいたけ	2枚
たけのこ（水煮）	50g
みつば	適量
豆乳	1½カップ
昆布だし	1カップ
酒　薄口しょうゆ	各大さじ1
塩	小さじ⅓

作り方
1 鶏肉は少量の油（分量外）で炒め、酒と薄口しょうゆで調味しておく。しいたけ、たけのこは薄切りにする。
2 ボウルに卵を割りいれ、豆乳、昆布だし、塩を加えよく混ぜる。
3 器に1とえびを等分して流しいれる。大きめの鍋に3cm程度の湯をはり、器を並べ、ふたをして中火で15分湯せんにかける。粗熱が取れたらみつばをのせる。

手間がかかって見える料理の代表、茶碗蒸し。さっと出せば料理上手に見えるものナンバーワンじゃないかな。ぜひマスターを！

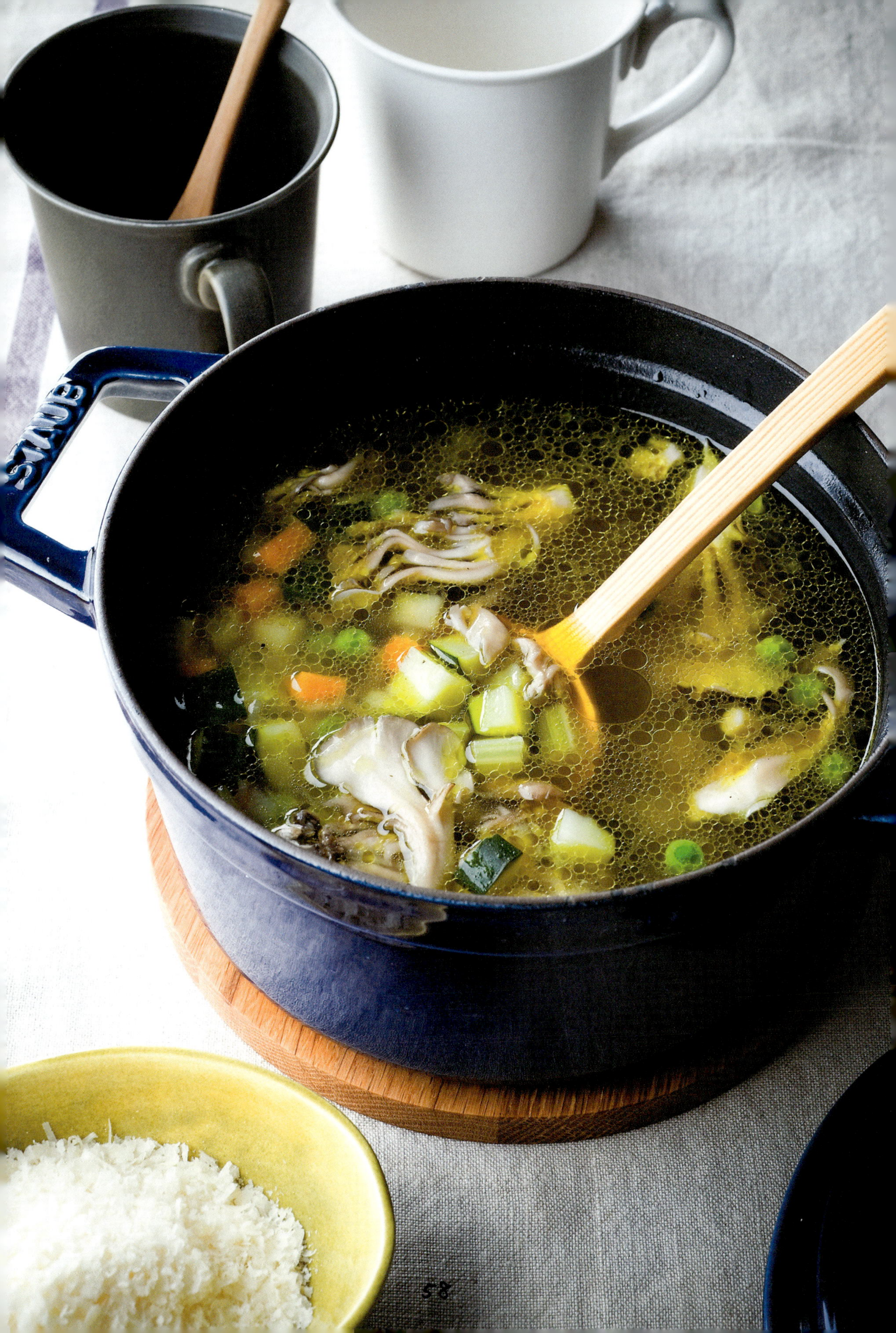
STAUB

ミネストローネ

野菜だけでつくる優しい味のスープ。
素材の甘さと旨みを存分に味わえます。
ダイエットしたいときにもおすすめ！

材料(4人分)
玉ねぎ······················ ½個
にんじん···················· ½本
じゃがいも················ 1個
ズッキーニ················ 1本
セロリ························ ½本
きのこ類（エリンギ、まいたけなど）············ 60g
グリンピース············ 80g
オリーブオイル··· 大さじ3

A［ コンソメ············ 2個
　 ローリエ············ 4枚
　 岩塩············ 小さじ1
　 こしょう············ 少々 ］
パルミジャーノ　パセリ
························· 各適量

きのこ類は何でもいいけど、まいたけを入れると仕上がりが黒っぽくなります。自然の色なので驚かないで下さい。

作り方
1 玉ねぎはみじん切りにする。きのこは食べやすい大きさにほぐす。
2 残りの野菜は1cm角に切る。
3 鍋にオリーブオイルを熱し、玉ねぎを炒め、残りの野菜も加える。
4 水5カップとAを加え15分ほど煮る。
5 塩（分量外）で味を調え、器に盛り、パルミジャーノ、パセリを散らす。

チンゲン菜のクリーム煮

生クリームを加えたひと皿は
ちょっとご馳走気分。
仕上げに粉チーズを
ふりかけて食べても美味。
おろしたてのパルミジャーノを
たっぷり、が僕の好み。

材料(4人分)
チンゲン菜················ 2株
しいたけ···················· 2枚
A［ バター············ 10g
　 生クリーム、牛乳
　 ············ 各½カップ
　 塩············ 小さじ½
　 こしょう············ 少々
　 中華だしの素 小さじ1 ］
ごま油················ 大さじ1
粉チーズ（あればパルミジャーノ）············ 適量

作り方
1 チンゲン菜は根元を切り落とし、食べやすくほぐす。しいたけは薄切りにする。鍋にAとしいたけを入れて火にかけ、5分ほど煮る。
2 チンゲン菜を加えて2分ほど煮たら火を止め、ごま油をまわしかけ、粉チーズをふる。

チンゲン菜は季節によって白菜や小松菜に代えても美味しい。ちょっと贅沢風味のクリーム煮は、パーティにぴったり。

せりごはん

季節の食材を見かけると、がぜん料理の意欲がわく。だからたまにスーパーに行くとあれもこれも買ってしまって買い物袋が6つ、なんてことになりやすい。
ちょっと苦みのある春野菜とか大好きですよ。意外かな?

材料(4人分)

せり	1束
しいたけ	4枚
たけのこ(水煮)	100g
油揚げ	1枚
白ごま	大さじ3
ごはん	2合分
ごま油	大さじ1
A 酒、しょうゆ	各大さじ2
塩、こしょう	各少々

作り方

1 せりはざく切りにする。しいたけ、たけのこは薄切り、油揚げは1cm幅に切る。
2 フライパンにごま油の半量を熱し、たけのこ、しいたけ、油揚げ、せりの順で炒め、**A**で調味する。火を止めて残りのごま油をまわしかける。
3 ごはんに**2**を加えて混ぜ、白ごまをふる。もしくはのせる。

チーズときのこのリゾット

飲み主体のパーティでも、締めのごはんが出ると
みんなホッとするもの。
きのことチーズのコクと香りを楽しんで。

材料(4人分)

米	2カップ
玉ねぎ	1/2個
しめじ	1パック
しいたけ	4枚
エリンギ	1パック
パセリみじん	適量
オリーブオイル	大さじ1

A
バター	20g
塩	小さじ1
粗びきこしょう	少々
コンソメ	1個
酒	大さじ2

パルミジャーノ……適量

作り方

1 玉ねぎはみじん切り、しめじはほぐす。エリンギ、しいたけは薄切りにする。
2 フライパンにオリーブオイルを熱し、1と米を炒めAを順に加え中火で炒める。水2カップを入れて弱火にし10分ほど煮る。水1カップを足してさらに10分ほど煮る。
3 火を止めてパルミジャーノをたっぷり加えて混ぜ、粗びきこしょう(分量外)をふる。パセリ、チーズをふる。

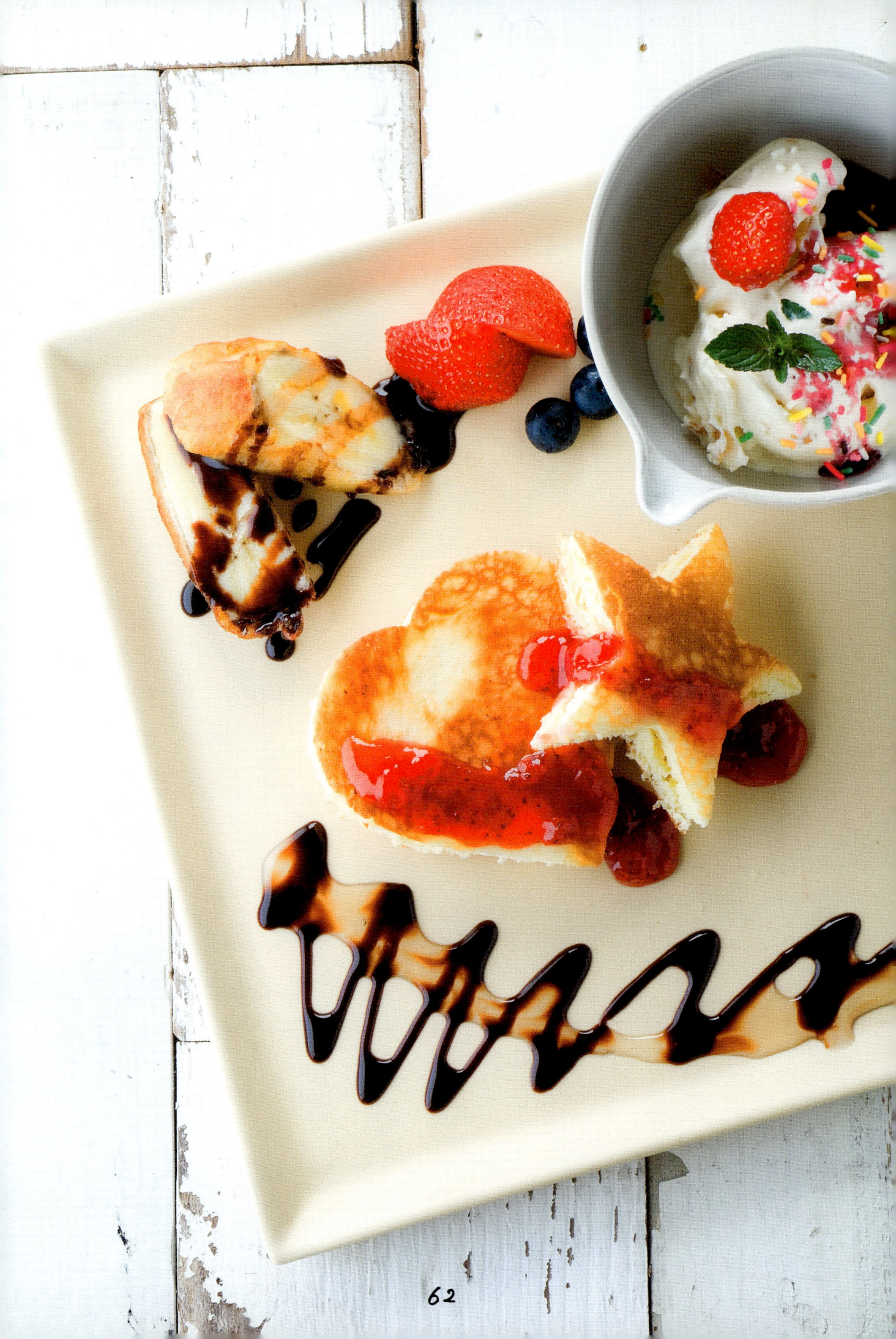

いちごのパンケーキ

イメージしにくいって言われるけど、
わりと甘いもの好きなんです。
凝ったデザート、一度作ってみたかった！
絵を描くのが好きで、美術の成績も良かったし(笑)
ハートと星の抜き型も
僕の料理ツールコレクションのものです。

材料(4人分)
ホットケーキミックス
……………………1袋
牛乳……………½カップ
卵………………………1個
バター…………………20g
A ┌ 天ぷら粉……大さじ5
　│ ベーキングパウダー
　│ ……………小さじ½
　└ 牛乳……大さじ4～5
バナナ…………………1本
トッピング：いちご、ブルーベリー、バニラアイス、いちごソース、メープルシロップ、チョコソース、スプレーチョコ　等……適量

作り方
1 パンケーキは袋の説明に従って作り、ハート型と星型で抜く。バナナは合わせた**A**の衣をまぶし、揚げる。食べやすく切る。
2 皿に**1**とトッピングの材料を使って、かわいく盛り付ける。

トッピングは気分と季節によって、あるもので。ホットケーキミックスも、型抜きとデコレーションで上等のデザートプレートに！

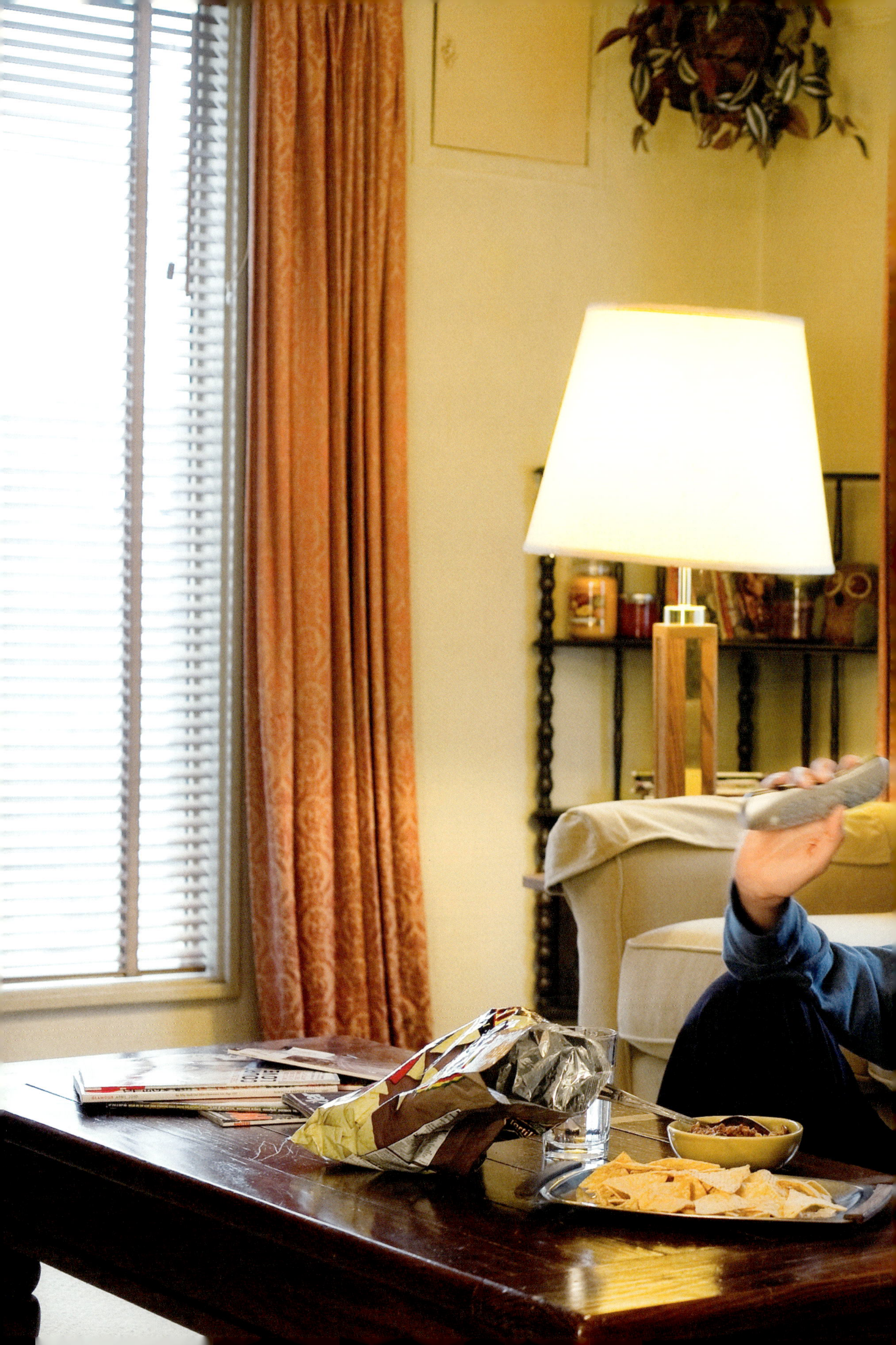

4
さっと作って、
ワインとビール。
簡単にできて美味しいおつまみ

こっちに来て、一杯飲もうよ。

セロリともやしのめんたいソース和え

明太子のソースは白ワインにぴったり。
野菜の歯ごたえも楽しいひと皿。

材料(2人分)
セロリ……………… ½本
もやし……………… 60g
明太子……………… 30g
オリーブオイル…… 小さじ2

作り方
1 セロリは斜め薄切りにする。もやしはさっとゆでる。明太子はほぐしておく。
2 1、オリーブオイルを合わせてよく混ぜる。

味つけなし、明太子の塩気だけと気軽な和え物。ちょっと気の利いた小さな器で、よーく冷やしてサーブしよう。

はんぺんしそチーズ

しそとチーズをはさんで焼くだけの簡単メニュー。
熱いふわふわを食べよう。

材料(2人分)
はんぺん…………… 1枚
大葉………………… 2枚
スライスチーズ…… 2枚
サラダ油…………… 少々

作り方
1 はんぺんは斜めに半分に切る。厚みに切り込みを入れ、大葉、チーズをサンドする。
2 フライパンにサラダ油を熱し、1をきつね色になるまで両面中火で1分焼く。

チーズが軽く溶けてきたらでき上がり、本当に2～3分でできるお手軽メニュー。しその風味がさっぱりと効いています。

きゅうりのたたき しらすわかめのせ

いつも冷蔵庫にある材料から
さりげなくこんな一皿をさっと作って出せる、
そういう男ってかっこよくないですか?

材料
きゅうり……………………1本
わかめ…………戻して20g
しらす…………大さじ1〜2
A ┌ 酢、しょうゆ
　 │　………………各大さじ2
　 │ おろしにんにく、しょ
　 │ うが……………各少々
　 │ 白ごま…………小さじ2
　 └ 鷹の爪……………1本

作り方
1 きゅうりは包丁の背で皮を
　こそげ取り、ぶつ切りにし、
　合わせたAに15分ほど漬け
　ておく。
2 皿に盛り、しらすをのせる。
　わかめを添える。

にんにくとしょうが、鷹の爪が入ってコクのある酢の物。焼き肉パーティのサイドディッシュに!

アボカドと ねぎとろのユッケ

のりで巻いて、わさびじょうゆでパクっといきたい。
香味野菜が効いて、ビールが進みます!

材料
アボカド………………½個
きゅうり………………½本
かいわれ………¼パック
長ねぎ………………10cm
ねぎとろ……………100g
のり……………………1枚
A ┌ コチュジャン
　 │　……………小さじ2
　 └ 白ごま………小さじ1
しょうゆ、わさび…各少々

作り方
1 アボカド、きゅうりは5mm
　角に切る。かいわれは根を
　落とし、細かく刻む。長ね
　ぎはみじん切りにする。の
　りは食べやすい大きさに切
　る。
2 ボウルにAを合わせ1とね
　ぎとろを混ぜる。のりに包
　んでわさびじょうゆをつけ
　ていただく。

刻み込んだかいわれとねぎのさっぱりした辛味が隠し味。自分で巻く作業も楽しい!

たこといかの
バターしょうゆ炒め
バゲット添え

ごはんにもビールにも合う味だけど
バゲットを添えればワインにもぴったり！

材料

たこ	80g
いか	100g
サラダ油	小さじ1
A [バター	10g
酒	大さじ1
しょうゆ	大さじ½
粗びきこしょう	少々
バゲット	適量

作り方

1 たこは一口大に切る。いかは4cm長さの棒状に切る。
2 フライパンにサラダ油を熱し、1を炒めAを加える。フライパンを傾けて少し煮詰める。
3 器に盛り、バゲットを添える。

たこといかはもっと小さく切って、バゲットにのせてピンチョス（小さなおつまみ）風に出しても素敵だと思います。

オクラ納豆＆山芋の揚げ物

あっさりめんつゆで食べる、
優しい味の一口揚げ。

材料（各5〜6個分）

オクラ	4本
納豆	1パック
山芋	100g
大葉	10枚
小麦粉	適量
のり	適量
A [めんつゆ、もみじおろし、細ねぎ小口切り	各適量
揚げ油	適量

作り方

1 オクラは小口切りにする。納豆は市販のたれとからしを加えてよく混ぜ、オクラを加える。山芋はすりおろす。
2 オクラと納豆には小麦粉大さじ2、山芋には小麦粉大さじ4〜5を加えてよく混ぜ、スプーンですくい、170度の揚げ油でそれぞれを揚げる。
3 山芋には大葉とのりを巻き、納豆はのりを巻いて合わせたAを添える。

生ものを使っていないので、揚げ加減の心配がありません。揚げ物初心者に優しいレシピです。

カプレーゼ

この料理って、普通はモッツァレラを使うものだけど
焼いたカマンベールにしてみたのが僕流です。
とろーりチーズがトマトに絡んで絶品！

材料(1皿分)
トマト……………………1個
カマンベールチーズ
……………………1ホール
塩、粗びきこしょう
…………………各適量
オリーブオイル………適量

作り方
1 トマトは輪切りにする。カマンベールは油少量(分量外)を引いたフライパンで両面が薄く色づく程度に焼いて8等分に切る。
2 皿に盛り、塩、こしょうをふり、オリーブオイルをまわしかける。

チーズは弱めの火加減で、中が柔らかくなるようにじっくり焼くのがコツ。冷たいトマトとの相性がすごくいい！

アスパラチーズグリル

切ってかけて焼くだけの10分レシピ。
シンプルが最高って本当に思う。

材料(2人分)
- アスパラガス……………4本
- サラダ油……………小さじ1
- A
  - 粉チーズ………大さじ3
  - 塩、粗びきこしょう
    ………………各少々

作り方
1 アスパラは洗って根元の皮をむき、3〜4等分に切る。耐熱皿にのせ、サラダ油をまわしかけてAをのせ、220度のオーブンで10分焼く。

美味しそうなアスパラが手に入ったら、ぜひ試してほしいレシピ。素材の甘みと美味しさを十分に味わって。

おつまみはササッと。

　基本的にお酒は好きで、食事の時とか、あと、夜自分の部屋で映画を見るときに、ビール、ワイン、ウィスキー…。買い物に行くと、お酒もあれやこれや欲しくなっちゃうんで、うちのキッチン、ちょっとしたバーみたいにいろんな種類が揃ってます。料理の時にもお酒って結構役に立つしね。で、夜映画を見ながらビールを飲んでると、なぜか小腹がすいてくる。そんなときにササッと作るおつまみも、結構レパートリー豊富です。
　もちろんチーズを切るだけとか、フルーツもいいんだけど、好きな子と一緒にお酒を飲むんだったら、もうちょっと張り切りたいし、気どりたい（笑）。例えばシーフードのバター炒めも男友だち向けだったらそのまま出すけど、女の子だったらちょっとバゲットをスライスして添えたりして。それだけ

ピクルス

食べやすく切ってりんご酢に漬けるだけの
スーパー簡単な一品。
これだけで十分美味しいので、まあ試してみて。

材料

にんじん、セロリ…各1本
ブロッコリー…………1株
きゅうり………………2本
大根……………………10cm分
赤、黄パプリカ……各½個
りんご酢……1本（500cc）

作り方

1 にんじん、大根は棒状に切る。ブロッコリーは小房に分けてゆでておく。きゅうり、セロリは5mm幅の斜め薄切り、パプリカは2cm幅に切る。
2 1をりんご酢につける。一日で食べごろに。

　で白ワイン向けひと皿に早変わり。
　よく、「ごはん作るね」って呼ばれたのに、もう2時間なにも出てこない…という話、あるじゃないですか。そういうときに、「ちょっとこれでお酒でも飲んでて」っておつまみっぽいものをサッと作って出してくれる女子に、男は弱いよ。平日仕事の後にちょっと寄った、くらいの日には、そういうおもてなしがうれしい。
　あと、とりあえず料理上手に見せたいなら、おつまみ用のソースを何種類か作れるようになるといいかも。それができれば野菜を切って出すだけでも、「うわ、すごいね！」って絶対驚くよ、男は。ちなみに今回8種類紹介しましたが、一番のおすすめはたらこソース。これ、あまりに美味しすぎてみんなに教えるの、もったいないかな、と悩んだくらいの絶品。ちょっと上等なたらこが手に入ったら、ぜひ作ってみて。

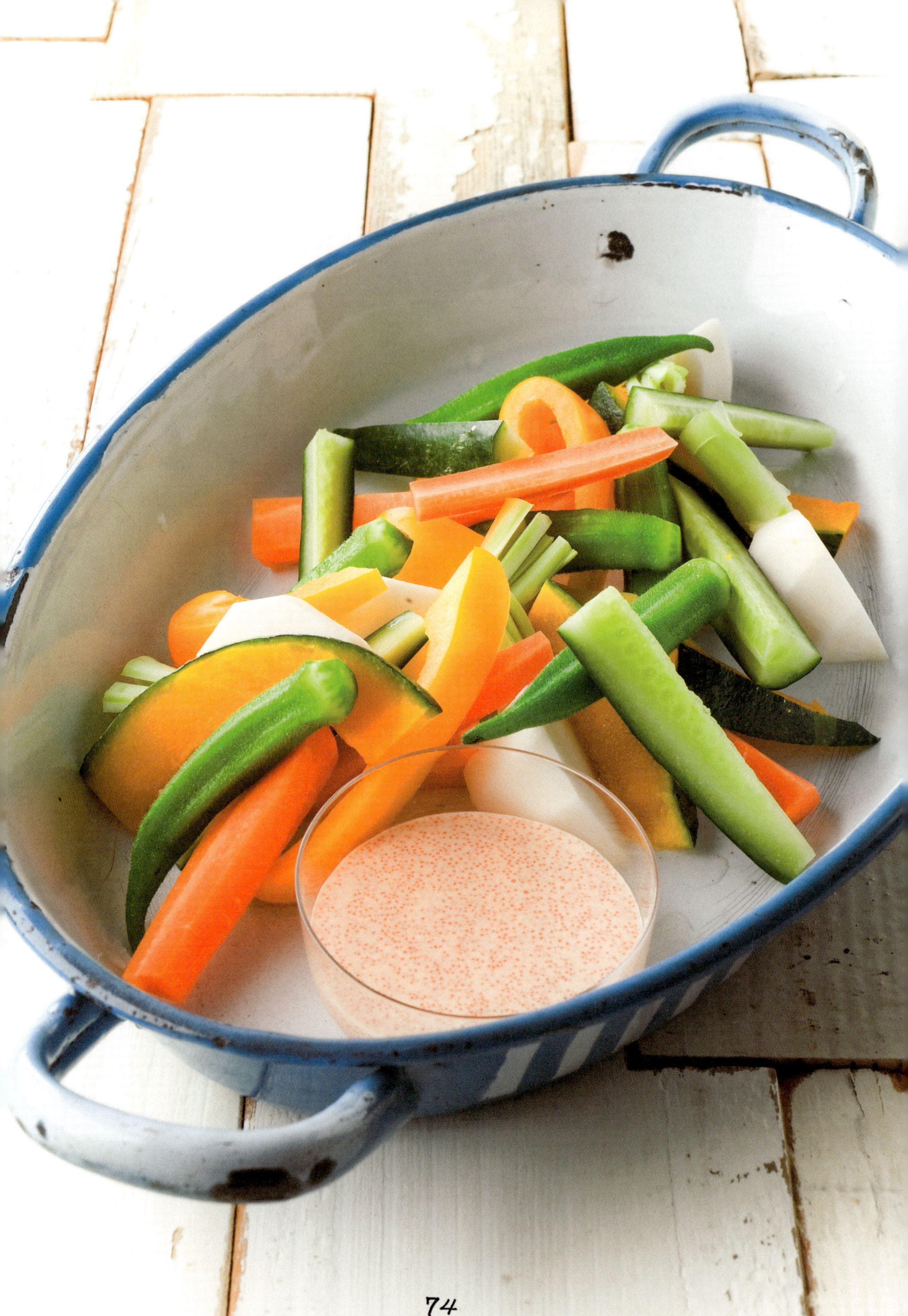

野菜スティック

野菜は旬のものを何でも。
山盛り野菜があっという間に
なくなる魔法のソースを添えて。

材料(2人分)
- きゅうり……………… 1本
- オクラ………………… 6本
- にんじん……………… 1/2本
- かぼちゃ……………… 100g
- 黄パプリカ…………… 1/2個
- かぶ…………………… 1個
- たらこ………………… 30g
- A [マヨネーズ…… 大さじ3
     砂糖、こしょう、レモン汁…………… 各少々]

作り方
1. きゅうり、にんじん、パプリカは棒状に切る。オクラはガクを切り落とす。かぶは葉の部分を少し残して皮をむき、6等分にする。かぼちゃは一口大の薄切りにし、ラップをしてレンジに1分半かける。
2. ほぐしたたらことAを合わせよく混ぜる。1に添える。

7種のディップ&ソース

フレンチソース
材料
- オリーブオイル……… 1/2カップ
- 酢……………………… 大さじ5
- 塩……………………… 小さじ1
- こしょう……………… 少々
- レモン汁……………… 1/2個分

作り方
すべての材料を合わせてよく混ぜる。

レモンの香りが爽やか。レタスなどの葉もの野菜のサラダによく合うドレッシング。

アボカドソース
材料
- アボカド……………… 1個
- サワークリーム……1パック(90g)

作り方
アボカドはスプーンなどでくり抜き、フォークでつぶしながらサワークリームとよく混ぜる。

ポテトチップスやクラッカーなど塩気のあるスナックに添えたら、軽いおつまみのできあがり。

たらこソース
材料
- たらこ………………… 80g
- マスカルポーネ……… 100g

作り方
たらこはほぐしてマスカルポーネとよく混ぜる。

薄く切ったバゲットや野菜のスティックにぴったり。本当は内緒にしていたい僕の秘蔵ディップ!

サルサソース
材料
- トマト………………… 2個
- 玉ねぎ………………… 1/4個
- ピーマン……………… 1個
- A [オリーブオイル…… 大さじ4〜5
     塩……………… 小さじ1
     チリパウダー、粗びきこしょう…………… 各少々
     にんにくみじん…小さじ1/2
     レモン汁…………… 1/2個分
     ハラペーニョ………… 少々]

作り方
1. トマトは湯むきして刻む。玉ねぎ、ピーマンはみじん切りにする。
2. ボウルにAを合わせ、1を加えてよく混ぜる。

チップス用のディップのほか、タコライスのソース、ピザソースの代用としても。

バジルソース
材料
- A [オリーブオイル…… 1/2カップ
     酢……………… 大さじ5
     塩……………… 小さじ1
     こしょう……………… 少々
     レモン汁……………… 1/2個分]
- バジル………………… 10g
- にんにく、パセリ…… 各少々

作り方
1. バジル、にんにく、パセリはみじん切りにする。
2. ボウルにAを合わせてよく混ぜ1を加える。

サラダ油で焼いた魚にかければ、地中海風魚のグリルのできあがり! ゆでたパスタとあえても。

アボカドしょうゆソース
材料
- アボカド……………… 1/2個
- A [しょうゆ…… 大さじ1
     わさび………… 少々]

作り方
アボカドはスプーンなどでくりぬき、フォークでつぶしながらAで調味する。

マグロの赤身のぶつ切りと和えて。冷奴に乗せれば簡単&ヘルシーなおつまみ。

マスタードマヨネーズソース
材料
- 粒マスタード………… 大さじ1
- マヨネーズ…………… 大さじ2
- 生クリーム…………… 大さじ3
- パセリみじん、粗びきこしょう…………… 各少々

作り方
すべての材料を合わせてよく混ぜる。

魚や帆立のフライに添えるほか、刻んだゆで卵とまぜてサンドウィッチの具にもおすすめ。

5 理想の朝って、こんな感じじゃない?

きみと食べたい朝ごはんメニュー

さて、今朝はなにを作ろうか？

ああ、そろそろ起こそうかな、と思ってたところ。

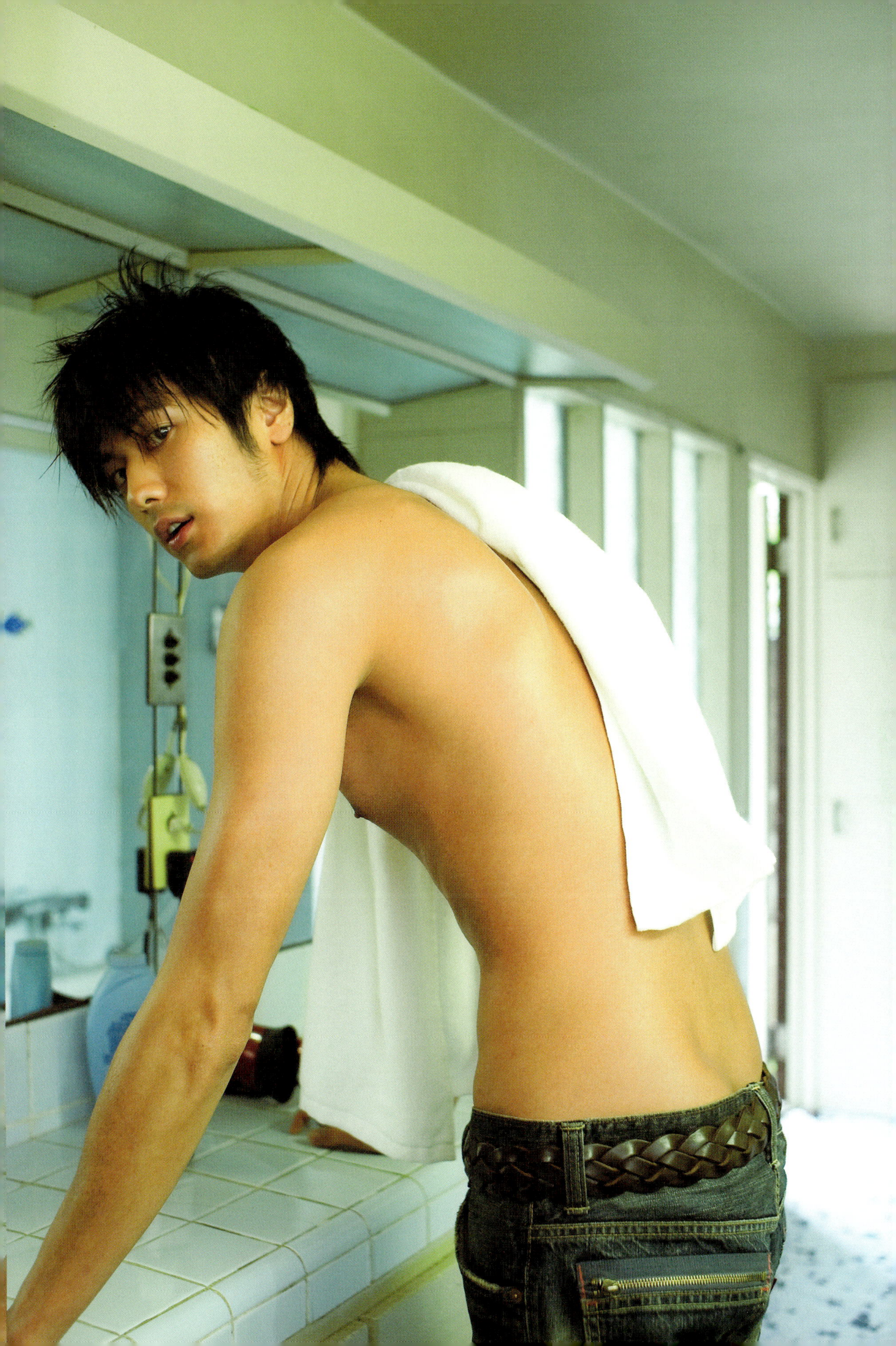

80

和定食

和の朝ごはんといえば、シャケに納豆、野菜の小さなひと品で決まり！でしょう。

材料（1人分）
雑穀ご飯……………………適量
焼き鮭………………………1切れ
のり…………………………適量

納豆と長芋のすりおろし、梅干しのせ
納豆…………………………1パック
とろろ………………………大さじ2
梅干し………………………1個
納豆ととろろを盛り、梅干しをたたいたものをのせる。

あさりと豆腐の味噌汁
だし汁………………………1½カップ
みそ…………………………大さじ1
あさり………………………3〜4粒
豆腐…………………………20g
わかめ………………………少々
鍋にだしを沸かし、具を1分ほど煮てみそを溶く。

豆腐のオクラのせ
豆腐…………………………適量
オクラ………………………適量
オクラを小口切りにし、豆腐にのせてポン酢分量外少々をたらす。

ちくわともやしの辛子じょうゆ和え
ゆでもやし…………………20g
ちくわ………………………½本
しょうゆ……………………小さじ1
からし………………………少々
ちくわを小口切りにし、しょうゆとからしを混ぜたもので和える。

理想の朝食。

理想の朝ごはんと言えば、僕が朝先に起きて、ごはんを炊いてシャケを焼いて。で、シャワーを浴びて出てきた頃に、彼女がベッドからのそのそ起きてきて、僕はあったかいココアの入ったマグカップを「おはよう」って渡して、彼女がそれを両手で受け取って…って、完全に妄想なんですけどね（笑）。おまけに実は僕、結構朝が苦手で、あんまり早起きができない。だから女の子に朝食を準備してもらうのもいいですよね。ご飯が炊き上がる匂いで目が覚めたりして…。いやでもやっぱり、僕も頑張って起きて、一緒に作りたいなぁ。朝からキッチンに二人で立つ。それがベスト。

和でも洋でも、朝はどっちも好き。和食は優しいからカラダにいいし、でも洋食も捨てがたい。カリカリに焼いたベーコンとか、ハッシュドポテトとか、油っこい感じ、結構好き。朝から中華とかも全然平気だし。中国に行くと、朝食で炒め物とごはん、あるいは麺とか、こってりしたものをガンガン食べるしね（笑）。でもいずれにしても、スープとか味噌汁、汁物は絶対欲しい。飲むと体が温まってエンジンが掛かるのが実感できるし、眠気が覚めていくのが分かる。さらに和食だったら酢の物、洋食だったらサラダとかの酸っぱい味を。シャキッとして、今日も一日頑張ろうって思える。

忙しいときはバナナシェイクだけ、とかになっちゃうけど、カラダのことを思うと、毎日きちんとした朝食を食べたいよね。

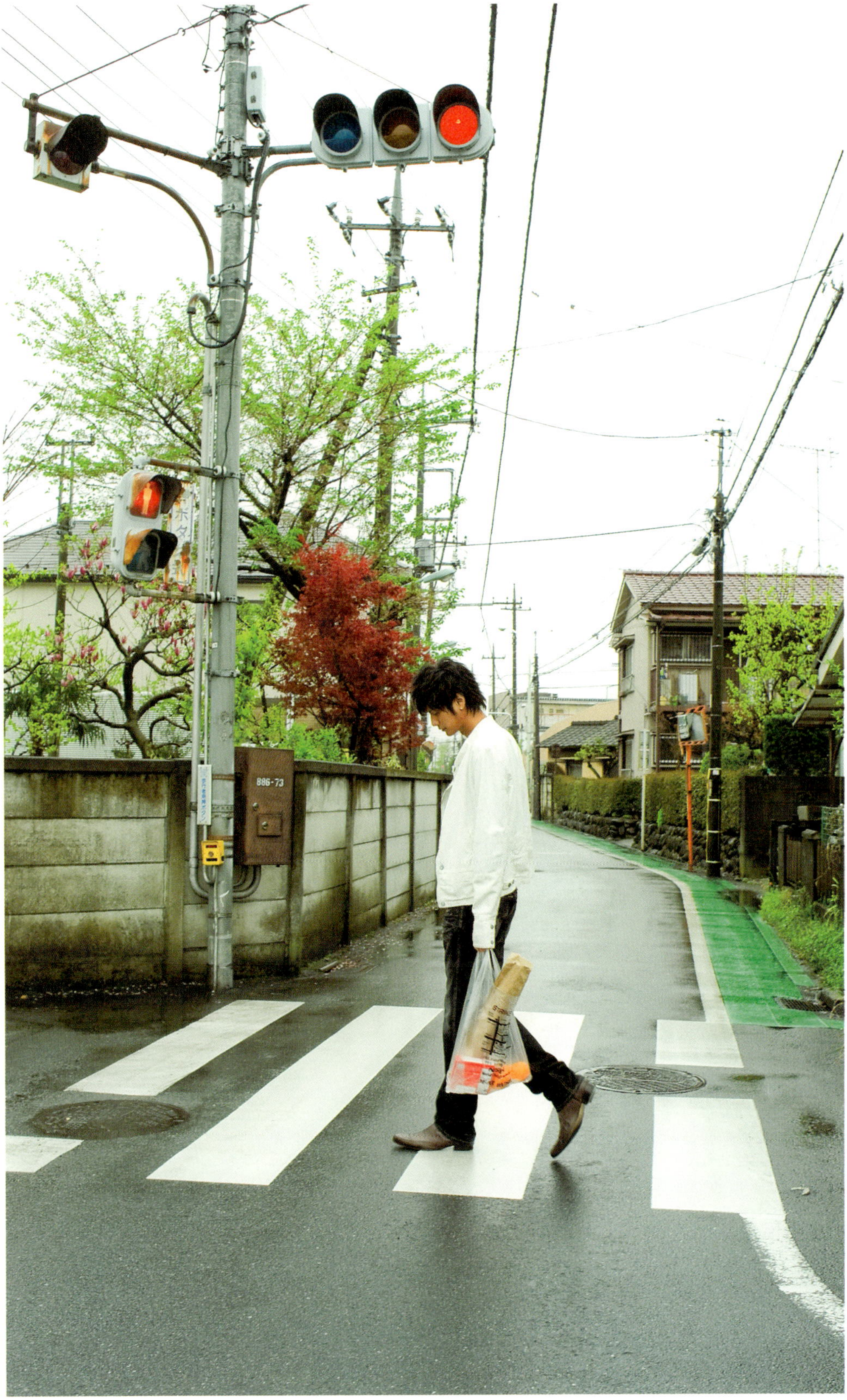
886-73

洋定食

ふだんの朝食は、
洋食が多い僕。
オムレツにかりかりベーコン、
野菜たっぷりのスープとかが
理想ですね。

材料

バゲット	適量
ベーコン	2枚
卵	2個
A [チーズ	30g
塩、こしょう	各少々
牛乳	大さじ2
バター	10g
ケチャップ	適量

作り方

1 ボウルに卵を割りほぐし、Aを加えてよく混ぜる。フライパンにバターを熱し、卵液を流し入れ、オムレツを作る。ベーコンはカリッとするまで焼く。
2 すべてを皿に盛り、ケチャップを添える。

クラムチャウダー（ページ下）のあさりはむき身を使うと扱いやすいし食べやすい。合わせる野菜は何でも、冷蔵庫にあるもので。

クラムチャウダー

材料（3～4人分）

玉ねぎ	1/4個
にんじん	1/4本
アスパラガス	2本
キャベツ	1枚
赤ピーマン	1/4個
エリンギ	1本
なす	1/4本
あさりむき身	80g
A [コンソメ	1個
牛乳	2カップ
塩	小さじ1
こしょう	少々
バター	10g

作り方

1 野菜は1cm角を目安にそれぞれ切り、キャベツは一口大にちぎる。
2 鍋にバターを熱し、1を炒め、あさりを加える。水1カップを加えて煮立て、中火にしてアクを取る。
3 Aを加えてひと煮立ちさせる。

フルーツヨーグルト
ブルーベリーソース添え

カラダのこと、最近はいろいろ考えますよ。
撮影が続くと食事のバランスが悪くなるから
自分で温野菜を持って行ったりもするし。
朝はこんなフルーツいっぱいのひと皿で
ビタミンもしっかり摂りたいな、と。

材料(2人分)
ヨーグルト……………………………1カップ
キウイ、いちご、パイナップル、りんご、ぶどう、
オレンジ、メロンなど好みのもの……………適量
ブルーベリーソース………………大さじ2〜3

作り方
器にフルーツを入れてヨーグルトをかける。お好みでブルーベリーソースをかける。

バナナシェイク

さっぱりヨーグルト仕立てのシェイク。
時間のない朝のエネルギーチャージに。

材料(2人分)
バナナ…………………………2本
ヨーグルト…………2カップ
ミント(あれば)………適量

作り方
ブレンダーにバナナ、ヨーグルトを入れて撹拌する。グラスに注ぎ、あればミントの葉を飾る。

僕が料理をする理由。

　最初に料理をしたのは、小学生のとき。うちは親が共働きだったので、お腹が空いて家に帰るとテーブルの上に五百円玉があって、「晩ごはん前にお腹が空いてたら、これで何か買って食べて」ってことが多かった。でも子どもだから、そのお金でついプラモデルとか買っちゃう。で、仕方がないから冷蔵庫を開けて、そこにある野菜とか肉を適当に炒めて食べたのが、たぶん最初だと思う。でも正直そこで「料理のおもしろさに開眼！」みたいなことは全然なくて、ただ腹減ったなぁ、なんかあるかな、じゃ炒めるか、って感じ。でもだんだん、これ入れたらおいしくなるかな、とか、この調味料で味付けてみようかな、とか、自然と工夫というか、考えるようにはなってみたい。ちなみにそのとき好きだった調味料の第1位はポン酢。何かにつけてポン酢かけて食べてたね。

　あと、その頃『料理の鉄人』ってテレビが流行ってて、3人の料理人が同じテーマで究極の料理を作って競う番組なんだけど、それは毎週見てた。料理人のパフォーマンスがすごくカッコイイの。鍋とかフライパンを振る姿とか、包丁で野菜をバンバン切る姿とか。よく学校でみんなでマネしてた。たぶんなんかその頃から、料理のパフォーマンスってカッコイイかも、これってモテるんじゃない

か？ってことには薄々気づいてはいたんですけどね（笑）。

冷蔵庫の中のもので
メニューを考える。

僕の料理の基本は、小学生のときから変わらない、"冷蔵庫にあるものでササッと作る"こと。そりゃ毎回材料を買い出しに行ければいいけど、忙しいときにはスーパーにもそうそう行けない。だから、家に帰ってまず冷蔵庫の中をチェックして、さぁ、じゃあこれで何ができるか？　って考えるんです。これ、かなり日課になってるかも。疲れていても、外に食べに行くよりも家で作りたい。実は昨日、この本の撮影で半日以上料理してたんだけど、家帰って小腹が空いていたんで、いんげんとひき肉の炒め物を作って、ごはんにのっけて食べました。あと鶏肉と玉ねぎとコーンでスープも作って。いやぁ、昨日のも抜群にウマかった。

ホントは買い物がすごく好きなんで、ちょこちょこスーパーに行きたいんだけど、なかなかそれも叶わず…。仕方ないぶん行ったときには半端ない量を買いますよ。野菜はあっちの店が新鮮、肉はこっちがウマい、とか、スーパーのハシゴも全然するし。で、見たことない調味料があればバンバン買っちゃう。帰りは5、6袋抱えて帰ってくるって感じ。だから僕の

キッチン、冷蔵庫はデカいし、奥行きがかなりある調味料棚もあって、そこにいろんな調味料がぎっしり詰まってるんです。アメコミのフィギュアとか買うのも大好きなんだけど、食材もそれに匹敵するくらいアドレナリンが出るなぁ。なんかスイッチ入っちゃう(笑)。だから、買い物の前には「今日はすき焼き」とか一応決めて行くんだけど、大抵違う食材を買いまくっちゃって、結果的に「すき焼きはまた今度」ってことになりがちです。

ごはんが進む味、それが味つけの基本。

　僕の料理は、基本的に味が濃いめだと思います。なんか、バシッと決まった味にしたいって思うと、なぜだか濃い味になる。たぶん白いごはんが好きだからだと思うんですけど…。でも薄味の料理も作れるようになりたいって思って、練習とかするんだけど、どこかこう決まらない。薄い味って難しい。女の人が作る料理は薄味ですよね。あれはなかなか男は作れないんだよなぁ。でもだからこそ、一緒に作ると楽しいんだと思う。

　料理上手な子と付き合ったら、とか、そういう妄想、男同士で結構話してますよ。一緒にスーパーに行って、キッチンでは「こうしたらおいしいかも」、「俺だったらこうするなぁ」とか、そういうや

食が美しい人は生き方も美しい！！

りとり、超楽しそう（笑）。でもそんなに上手じゃない子だとしたら、僕が教えてあげるっていうのも楽しいだろうなぁ。で、僕は洗いものが苦手なので、料理は僕は作るから洗うのはぜひ彼女にお願いして、洗ってる彼女を後ろから抱きしめて、「もう、洗いものしてるんだから！」って、水しぶきをバシャンってかけられて…って、男もこんな話しながら、みんなでニヤニヤしてるんですよ（笑）。

でも男も料理上手なほうが絶対いいと思う。いざというときに何かおいしいものが作れるってよくない？ 彼女が風邪引いたら真っ先に駆けつけてお粥作ります、僕。

誰かに喜んでもらう、それで上達していく。

好きな子がいたら何を作ってあげたいかってよく聞かれるんだけど、僕は"自分が作りたいもの"より、"相手が食べたいもの"を優先したいから、まずその子に「何食べたい？」って聞くかな。盛り付けも、女の子には丁寧に。料理ってやっぱり誰かに作ってあげることが究極の楽しみなんだと思う。作って、目の前の人が喜んでくれる。それを見て、良かった、また頑張ろうって思える。その気持ちが、料理の腕をも上げてくれる。

僕もこれからは、もっと誰かのために料理がしたい。そんな相手が早く見つかるといいなぁ。

実は洗いものはちょっと苦手。
一緒に手伝ってくれる女子、募集中！

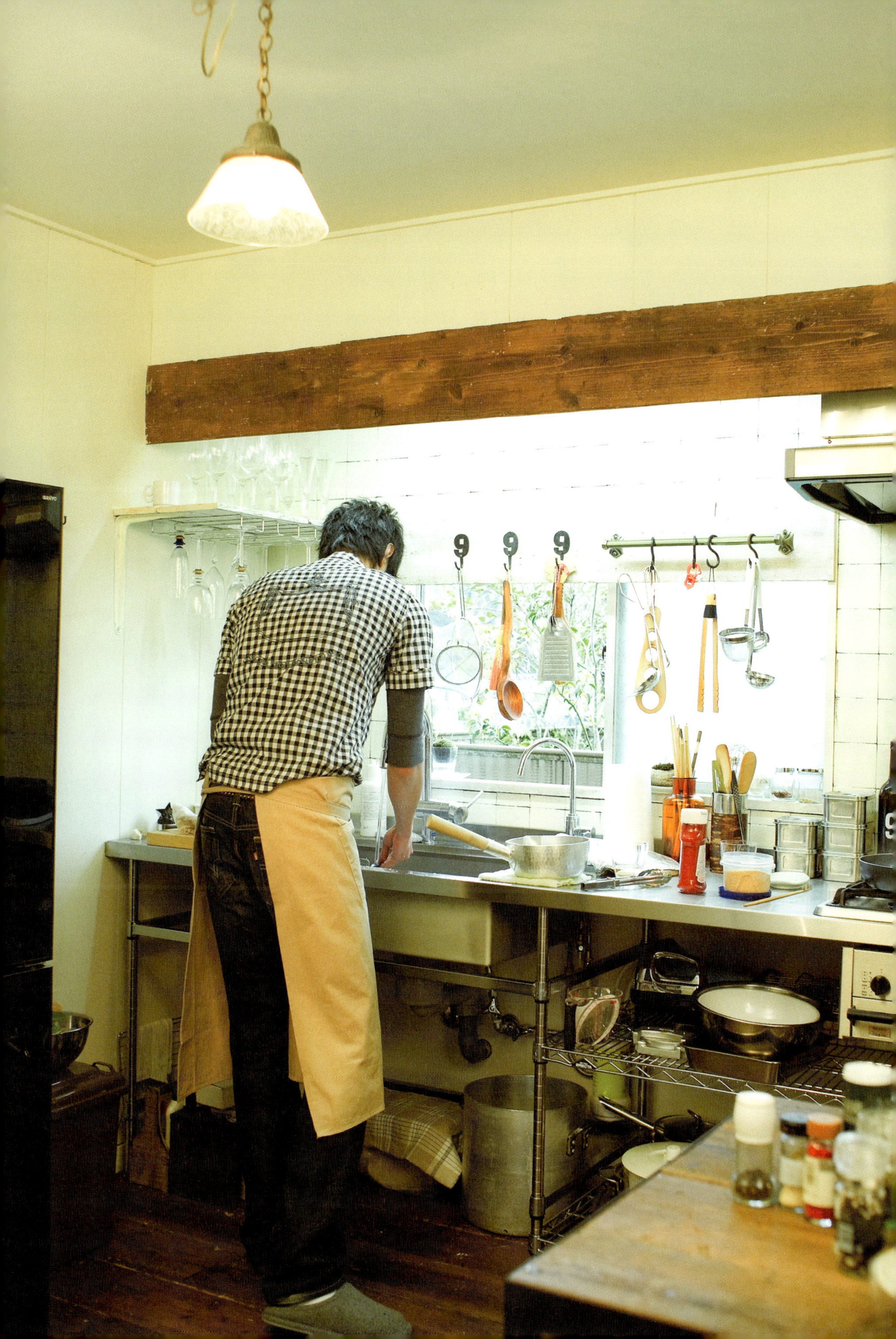

... and more Moco

こういう作業が
楽しいよね

集中してます！

スーパー楽しい
買いすぎちゃったかな

ちょっと味見

本当に寝ちゃった!?

index
食べたい気分で探す、料理インデックス

肉

しょうが焼き……12
とんかつ茶漬け　チーズと大葉のせ……14
ミートソーススパゲティ……16
ハンバーグステーキ　もこみち流……21
すき焼き＋牛肉の卵とじごはん……22
砂肝と白菜のあっさり鍋……24
肉豆腐……25
もやしカレースパイス炒め　温玉のせ……34
カレー丼　黄身のせ……35
牛肉しそのせごはん……40
海鮮ときのこの炒め物……41
牛豚丼……42
焼きとり丼　スープだし茶漬け……42
スペアリブ2種　甘辛だれ＆ブラジル風……51
洋定食……84

シーフード

速水家のぶり大根……13
鮭と帆立のバター焼き……15
キャベツとアンチョビのパスタ……30
たらこバターのパスタ……33
海鮮ときのこの炒め物……41
アボカドとじゃこの贅沢サラダ……51
水菜とトマトのじゃこサラダ……55
桜えびとそら豆＆ごぼうとにんじんのかき揚げ……56
アボカドとねぎとろのユッケ……68
たこといかのバターしょうゆ炒め　バゲット添え……69
クラムチャウダー……84

野菜たっぷり

マカロニとコーンのカレー風味サラダ……17
大根とにんじんの大葉サラダ……23
砂肝と白菜のあっさり鍋……24
キャベツとアンチョビのパスタ……30
トマトとなすのパスタ……32
もやしカレースパイス炒め　温玉のせ……34
いんげんとひき肉の炒め物……38
焼うどんのサラダ……39
焼ききのこの茶漬け……43
アボカドとじゃこの贅沢サラダ……51
水菜とトマトのじゃこサラダ……55
桜えびとそら豆＆ごぼうとにんじんのかき揚げ……56
ミネストローネ……59
チンゲン菜のクリーム煮……59
セロリともやしのめんたいソース和え……67
きゅうりのたたき　しらすわかめのせ……68
アボカドとねぎとろのユッケ……68
オクラ納豆＆山芋の揚げ物……69
カプレーゼ……70
アスパラチーズグリル……71
野菜スティック＋たらこマヨネーズソース……75
和定食……81
クラムチャウダー……84

パスタ・麺・粉もの

マカロニとコーンのカレー風味サラダ……17
キャベツとアンチョビのパスタ……30
チーズのクリームパスタ……31
トマトとなすのパスタ……32
たらこバターのパスタ……33
焼うどんのサラダ……39
チヂミ……55

チーズ味

ハンバーグステーキ　もこみち流……21
チーズのクリームパスタ……31
チンゲン菜のクリーム煮……59
はんぺんしそチーズ……67
カプレーゼ……70
アスパラチーズグリル……71

ごはんもの・丼

とんかつ茶漬け　チーズと大葉のせ……14
牛肉の卵とじごはん……22
もやしカレースパイス炒め　温玉のせ……34
カレー丼　黄身のせ……35
牛肉しそのせごはん……40
焼きとり丼　スープだし茶漬け……42
焼ききのこの茶漬け……43
せりごはん……60
チーズときのこのリゾット……61
和定食……81

スープ・椀もの

豆乳入り茶碗蒸し……57
ミネストローネ……59
クラムチャウダー……84

甘いもの

いちごのパンケーキ……63
バナナシェイク……85
フルーツヨーグルト　ブルーベリーソース添え……85

協力店リスト

fashion
シェラック ☎03-5724-5687
エスティーム ☎03-5428-0928
GDC TOKYO ☎03-5728-2947
ジャーナルスタンダード ☎03-5457-1874
モダンパイレーツ ☎03-3470-0169
エゴトリッピング ☎03-3477-1237
Yolken muroffice ☎03-5413-3166
55DSL TOKYO ☎03-5775-9755
DIESEL ☎0120-55-1978
エディフィス渋谷 ☎03-3400-2931

tableware & kitchenware
4th-market ☎059-330-5166
collex LIVING ☎03-5784-5612
STUDIO M' ☎0561-82-1010
ストウブ ☎0120-75-7155
グローバル／
吉田金属工業株式会社 ☎03-6905-8391
堀江陶器 ☎0956-85-7316

location
日進ワールドデリカテッセン
☎03-3583-4586

staff

All recipes written by Mocomichi HAYAMI
Photographer: Tetsuka YAMAGUCHI
Stylist : Fuyu（fashion）
　　　　Michiko NAGAO（tableware）
Hair & Make-up : Koichi TAKAHASHI（Nestation）
Cooking assistant & Supervisor : Kinuko MINAI
Artist Management : Kentaro TOMITA（Ken-on）
　　　　　　　　　　Kayoko TSUJIMURA（Ken-on）
Special Thanks : Wakana AOKI（Rad Japan）
　　　　　　　　Hideya KONDO（Ken-on）
　　　　　　　　Takeyuki KAGUCHI（Ken-on）
　　　　　　　　Mariko GUNJI（anan）
　　　　　　　　Hisako KAWABATA（anan）
Writer : Yuki KONO
Art Director : Mutsumi OKA（mocha design）
Designer : Eriko SATO（mocha design）
Editor : Kaoru ENDO

Profile

速水もこみち（はやみ・もこみち）。俳優。東京都出身。身長186センチ。主なドラマの主演作に『ハンマーセッション！』（TBS系）、『リバウンド』（日本テレビ系）、『絶対彼氏』（フジテレビ系）など。料理の得意技はみじん切りと卵の片手割り。『ZIP！』（日本テレビ系）の料理コーナー「MOCO'Sキッチン」でも、その腕前を披露中。

速水もこみちが作る50のレシピ

きみと食べたら、きっと美味しい。

2010年7月29日　第1刷発行
2011年10月27日　第4刷発行

著者／速水もこみち
発行者／石﨑 孟
発行所／株式会社マガジンハウス
〒104-8003 東京都中央区銀座3-13-10
電話／受注センター　049-275-1811
　　　書籍編集部　03-3545-7030

印刷・製本　大日本印刷株式会社

© 2010 Mocomichi Hayami. Printed in Japan
ISBN 978-4-8387-2133-7 C0077
乱丁本・落丁本は小社製作部にお送りください。
送料小社負担でお取替えいたします。
定価はカバーと帯に表示してあります。
本書の無断転載は著作権法での例外を除き、禁じられています。
マガジンハウス・ホームページ http://magazineworld.jp/